반려견이 아플 때 반려인에게 가장 필요한 것은?

이 도서의 국립중앙도서관 출판예정도서목록(CIP)은 서지정보유통지원시스템 홈페이지(http://seoji.nl.go.kr)와
국가자료공동목록시스템(http://www.nl.go.kr/kolisnet)에서 이용하실 수 있습니다.
(CIP제어번호: CIP2017013906)

INU NO KYUBYO TAIO MANUAL by SATO Takanori
Copyright ⓒ 2015 by SATO Takanori
All rights reserved.
Originally published in Japan by Tetsujinsya Co., Ltd.
Korean translation rights arranged with Tetsujinsya Co., Ltd.
through BESTUN KOREA AGENCY
Korean translation rights ⓒ 2017 DANCHUBYUL Publishing Company

반려인 필독서

반려견 응급＋처치 핸드북

시로카네타카나와동물병원, 중앙애니멀클리닉 총원장 사토 타카노리 지음

옮긴이
김주영

감수
청라라임동물병원 원장
김주영

단큐별

책 머리에

이 책의 제목은 <반려견 응급처치 매뉴얼>입니다. 제목 그대로 반려견이 갑자기 아플 때, 반려인이 그 자리에서 바로 어떤 응급처치를 해야 하는가를 기록한 것이지만, 독자 가운데는 응급처치라는 제목만으로 불안함을 느낄 수도 있습니다.

보통 반려인은 반려견의 종류에 따라 책을 참고하는 것에 익숙해져 있습니다. 예를 들면 치와와는 치와와의 책, 시바견은 시바견의 책 등 견종에 따라 책을 참고하게 됩니다. 응급처치 방법 역시 반려견이라는 큰 카테고리 속에서 배운다 하더라도 자기 반려견에 맞는 것일까 하고 의문을 느낄 수 있습니다.

그러나 걱정할 필요가 없습니다. 분명히 반려견은 종류에 따라 각각 다른 처방이 있습니다. 몸의 크기나 눈의 크기, 두상과 털의 길이 등에 맞추어 수의사가 가장 적합한 치료를 하는 것은 당연한 일이라 할 수 있습니다.

하지만 모든 반려견의 신체 구조는 기본적으로는 다르지 않습니다. 응급처치에 관해서도 모든 반려견의 종류에 적용되는 응급처치법이 대부분을 차지하고 있습니다. 이 책이 모든 반려견의 종류에 통용되는 응급처치 매뉴얼이라는 사실을 먼저 말씀 드리고자 합니다.

저는 'HOREPETS Group'(시로카네타케나와동물병원, 중앙애니멀클리닉, Dog Care Salon LINDO)의 총원장직을 맡고 있는 수의사 사토 타카노리입니다.

지난해에 <고양이 응급처치 매뉴얼>이라는 책을 출판했는데, 다행히 좋은 평을 받아 이번에는 후속으로 이 책을 발행하게 되었습니다. 본래 반려견에 관한 의료문제를 중심으로 강연 활동을 하는 저로서는 매우 기쁘고 뿌듯한 일입니다.

반려동물인 개와 고양이는 공통점이 있습니다. 그것은 말을 하지 못한다는 사실입니다. 즉 몸이 좋지 않아도 조기에 증상을 호소할 수 없으므로 중증화하여 식욕 부진이나 원기소실에 빠지면 그제서야 비로소 반려인이 알게 되는 경우가 많습니다.

사실 반려견은 몸이 아프면 반려인에게 어느 정도 신호를 보내게 됩니다. 평소와 다른 동작을 하거나 신체에 작은 변화를 일으켜 아프다는 것을 반려인이 알아주기를 바랍니다. 유감스럽게도 반려인이 그 신호를 놓치고 있다는 것입니다.

왜 놓치는 것일까요. 그것은 반려인이 모르는 신호가 존재하기 때문입니다. 반려인 단순히 부주의해서가 아니라, 알고 있다면 감지했을 것을 단지 모르기 때문에 놓쳐 버리는 것입니다. 이것만으로도 응급처치 매뉴얼 습득의 중요성을 이해했을 것이라고 생각합니다.

질병의 증상을 감지하는 데 있어서 가장 중요한 것은 몸의 컨디션 변화에 대해 반려견이 보내는 신호입니다. 반려견의 생활환경에는 어느 정도 차이가 있지만, 반려인이 데리고 함께 산책을 할 수 있다는 점에서 고양이보다는 증상을 감지하기 유리한 경향이 있습니다. 반려견이 몸의 컨디션이 좋지 않으면 걷는 것조차 힘들기 때문입니다.

반면에 반려견과 산책을 나갔다가 밖에서 상태가 나빠지는 경우도 적지 않습니다. 경우에 따라서는 반려인이 처치에 힘썼음에도 증상이 악화하게 되는 경우도 있습니다. 이때야말로 이 책 <반려견 응급처치 매뉴얼>이 절실하게 필요한 순간입니다.

먼저 이 책의 플로우차트를 이용해 질병의 신호인지를 확인하세요. 반려견의 상태가 긴급을 요하는 증상인지, 아니면 상태를 좀 두고 보아도 괜찮은지를 파악해야 합니다. 즉석에서 할 수 있는 응급처치를 해줌으로써 증상의 중증화를 막을 수 있습니다. 구체적으로 설명하자면, 반려견에게 갑자기 열중증(더위 먹음)과 같은 증상이 나타나면 반려인의 초기 대처가 반려견의 목숨을 좌우할 수도 있습니다. 따라서 반려인이 응급처치 매뉴얼을 습득하는 것이 얼마나 중요한가를 알 수 있을 것입니다. 응급처치는 늦어서 나쁠 수는 있어도 빠르다고 나쁠 것은 없습니다.
그리고 응급처치가 끝나면 즉시 병원에 데려가야 합니다. 현장에서 진료를 해보면 "왜 좀 더 빨리 데려오지 않았을까" 하는 아쉬운 마음이 드는 경우가 너무 많습니다. 안타깝게도 일이 있어서, 집안의 사정이 있어서 병원에 오는 것이 늦었다는 반려인의 대답을 자주 듣게 됩니다.
응급처치 매뉴얼을 알고 있는 반려인이 반려견이 보내는 '신호'를 놓치지 않는다면, 무엇을 지금 먼저 해야 하는가를 반려인 스스로 판단할 수 있습니다. 저는 반려인들이 이 책에 나온 증상별 응급처치 매뉴얼을 배워서 반려견이 보내는 질병의 초기 신호를 놓치지 않고 신속히 대처할 수 있게 되기를 바랍니다. 사랑하는 반려견이 보다 오래, 보다 건강한 삶을 살 수 있도록 반려인들이 반드시 응급처치 매뉴얼을 습득하기를 바랍니다.

시로카네타카나와동물병원, 중앙애니멀클리닉 총원장
사토 타카노리

책 머리에 ___ 4

제1장 얼굴 눈, 코, 입, 귀, 얼굴 전반

검은자위가 희게 탁해졌다 ___ 14
눈이 껄끄러워 뜨기 힘들고, 흰자위가 붉다 ___ 18
눈이 부었다, 또는 튀어나왔다 ___ 22
눈곱이 자주 낀다 ___ 26
눈물을 잘 흘린다 ___ 29
재채기, 콧물이 나온다(물, 고름, 피 등의 형태) ___ 33
호흡이 흐트러지고 코에서 이상한 소리가 난다(호흡곤란) ___ 39
코가 말라 있다 ___ 43
코가 막혔다, 코를 곤다 ___ 48
음식물을 삼키기 어려워한다 ___ 54
입냄새가 심하다, 입을 아파한다, 침을 흘린다 ___ 59
음식물을 먹을 때 턱에서 소리가 난다 ___ 65
귀의 선단부가 딱지처럼 딱딱하다 ___ 69
귀에 손을 대면 싫어한다, 머리를 자주 흔든다 ___ 73
귀를 가려워한다, 귀에서 냄새가 난다 ___ 78
얼굴을 발로 긁는다 ___ 83
표정이 좌우가 달라 보인다 ___ 88
얼굴이 한쪽 방향으로 틀어졌다 ___ 93

칼럼 🐾

응급용 엘리자베스칼라를 간단하게 만드는 방법 ___ 97

 차례

제2장 소화기

이물을 삼켰다 ___ 100
자주 토한다 ___ 105
피를 토한다 ___ 111
대변이 이틀 이상 나오지 않는다 ___ 116

칼럼

반려견의 치료에 도움이 되는 하우스 트레이닝 ___ 120
응급 상황에서 반려견을 옮기려면 ___ 122
병원에 익숙해지게 한다 ___ 126

제3장 전신

경련을 일으킨다 ___ 128
달려들어 물려고 한다 ___ 133
몸이 뜨겁다 ___ 137
걸음걸이가 휘청거린다(힘이 빠졌다) ___ 142
설사를 한다, 또는 혈변을 보인다 ___ 147
요즘 잘 먹는다 ___ 154
요즘 살이 쪘다 ___ 159
요즘 야위었다 ___ 164
식욕이 없다(원기가 없다) ___ 169
물을 많이 마신다 ___ 172

제4장 순환기

기침을 한다 ___ 178
호흡이 빠르다 ___ 184
(혀를 내밀고 있다, 입을 벌리고 호흡한다, 괴로워한다)
혀나 점막의 색깔이 평소와 다르다 ___ 190
안고 있을 때에 이상하게 심장이 뛴다 ___ 195
(맥박이 일정하지 않다)

칼럼

헌 스웨터로 멋진 '수술 후 케어복' 만들기 ___ 200

 차례

제5장 피부

비듬이 생겼다 ___ 204
부은 곳이 있다 ___ 209
가려워한다 ___ 214
피부가 빨갛다 ___ 218
털이 빠진다 ___ 222

칼럼

"질병을 조기에 발견한다!"
반려동물 미용사가 직접 전수하는
자택 그루밍 ___ 227

제6장 비뇨기

음부가 부었다(또는 출혈을 한다) ___ 234
음부에서 고름이 나온다 ___ 240
음부에 신경을 쓰며 자주 핥는다 ___ 244
소변이 냄새가 나고 탁하다 ___ 250
소변의 색깔이 붉다 ___ 255
소변의 양이 이상하게 많아졌다 ___ 261
요실금이 심하다(참기 어렵다) ___ 266
빈번하게 화장실에 간다(안절부절 못 한다) ___ 271

일러두기

❶ 이 책은 사용의 간편성을 고려하여 각각의 병의 증상과 원인에 대해 가능한 짧게 해설하였습니다. 이 책은 학술서가 아니라 어디까지나 반려인을 위한 실용서라는 것을 이해해 주기 바랍니다.

❷ 반려견의 질병에는 여러 가지 원인이 있고 이것들이 복잡하게 얽혀 있기 때문에 내용이 중복되는 경우가 있습니다. 예를 들면 [음식물을 삼키기 어려워한다]와 [입냄새가 심하다]라는 두 가지 증상의 원인으로 같은 '치주병'이 나오는 그런 형식입니다.

❸ 복수의 증상에 대해 응급처치가 똑같은 경우가 있습니다. 예를 들어 [검은자위가 희게 탁해졌다], [눈이 껄끄러워 뜨기 힘들다] 등의 두 가지 증상에는 '엘리자베스칼라를 착용시킨다'는 라는 똑같은 응급처치를 해주는 것입니다.

❹ '응급처치'의 괄호 안의 숫자(❶, ❷, ❸~)는 앞에 나온 '주된 증상과 원인'의 숫자입니다.

❺ 이 책은 편의상 6장으로 나누었으나 이것은 어디까지나 대략적으로 나눈 것이라 생각해 주세요. 앞에서 말한 것처럼 하나의 질병에는 복수의 원인이 있고, 그것이 횡단적으로 복잡하게 얽혀 있기 때문에 반드시 장의 카테고리와 일치하지 않는 경우도 있습니다.

(편집부)

제1장

얼굴

눈, 코, 입, 귀, 얼굴 전반

하나. 검은자위가 희게 탁해졌다

◆ 주된 증상과 원인

검은자위가 희게 탁해지는 원인으로는 바깥쪽의 각막이 희게 탁해지는 경우와 안쪽이 희게 탁해지는 두 가지로 나뉘어집니다(일러스트 참조). 각각의 증상에 대해 자세히 알아보겠습니다.

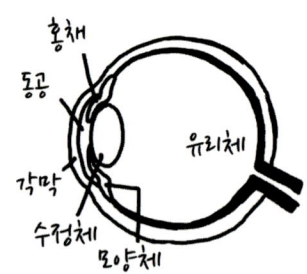

[바깥쪽]

01 각막의 이상

눈의 표면에 있는 각막은 외부에서 오는 자극을 받기 쉬워 염증이나 상처 또는 면역매개성의 질병 등이 생기면 희게 탁해집니다. 각막에는 지각신경이 다수 분포되어 있기 때문에 장애를 받으면 통증으로 눈이 껄끄러워지거나 눈물이 많아지게 됩니다.
그리고 녹내장에 의해 안압이 올라감으로써 안구가 희게 탁해지기도 합니다.

[안쪽]

02 포도막염

흰자위의 충혈이 심하며 통증으로 인해 *슴벅거리거나 눈물의 양이 증가하게 됩니다.

*슴벅거리다 : 눈꺼풀이 움직이며 눈이 자꾸 감겼다 떠졌다 하는 것

03 백내장

수정체가 어떤 원인으로 희게 탁해진 상태입니다. 대부분 노화로 인해 발병하지만, 강아지일 때 발증하는 경우도 있습니다. 진행 상황에 따라 초발, 미숙, 성숙, 과숙기로 나눌 수 있으며, 겉으로 봐서 희게 탁해진 것으로 느끼면 미숙기의 후기 정도가 됩니다. 성숙기에 이르면 빛을 느낄 수는 있지만, 시각은 상실합니다. 백내장의 경우 통증은 없으나 진행이 되면 포도막염을 일으킬 수 있으며 통증이 따릅니다.

04 핵경화증

수정체의 중심인 '핵'이라 불리는 부분의 투명도가 떨어져 빛을 받는 쪽에서 희게 탁해 보이는 상태입니다. 이것은 노화현상의 하나로, 증상이 계속 진행되어도 시각을 상실하거나 통증을 일으키지는 않습니다.

◆ 응급처치

01 눈을 문지르지 못하게 한다 (01, 02)

각막염과 포도막염인 경우에는 대부분 통증을 동반하므로 역시 문지르지 않도록 하는 것이 중요합니다. 이를 위해 먼저 반려견이 눈을 문지르지 못하도록 목에 엘리자베스칼라를 착용시키기 바랍니다.

02 눈을 잘 관찰한다(모두)

엘리자베스칼라 착용 후 눈을 잘 관찰해 어느 부분이 희게 탁해져 있는지 확인해 보세요. 만약 각막의 염증이나 포도막염이면 통증과 염증이 심합니다. 이때 점안약을 사용하지 않으면 좀처럼 증상이 호전되지 않으므로 가능한 빨리 병원에 데려갈 것을 권합니다.

03 백내장이 의심되면 빨리 병원에 데려간다(03, 04)

백내장은 유감스럽게도 수술 이외에 치료 방법이 없습니다. 그러나 서플리먼트로 진행을 늦출 수는 있기 때문에 수의사와 상담하기 바랍니다.
핵경화증인 경우에는 질병이 아니므로 치료도 필요 없지만, 좀처럼 백내장과 구별하기가 어렵습니다. 만약 백내장이 의심되면 빨리 병원에 데려가는 것이 최선입니다.

04 눈곱이 끼면 제거한다(모두)

때때로 눈의 표면에 점성의 눈곱이 들러붙어 희게 보이는 경우가 있습니다. 이런 때에는 눈물 성분의 안약이나 식염수, 수돗물 등으로 씻어 내리고 솜처럼 부드러운 것으로 가볍게 닦아 주세요. 눈 주위가 습한 상태 그대로 두면 피부염의 원인이 되므로 습하지 않게 잘 닦아 주어야 합니다.

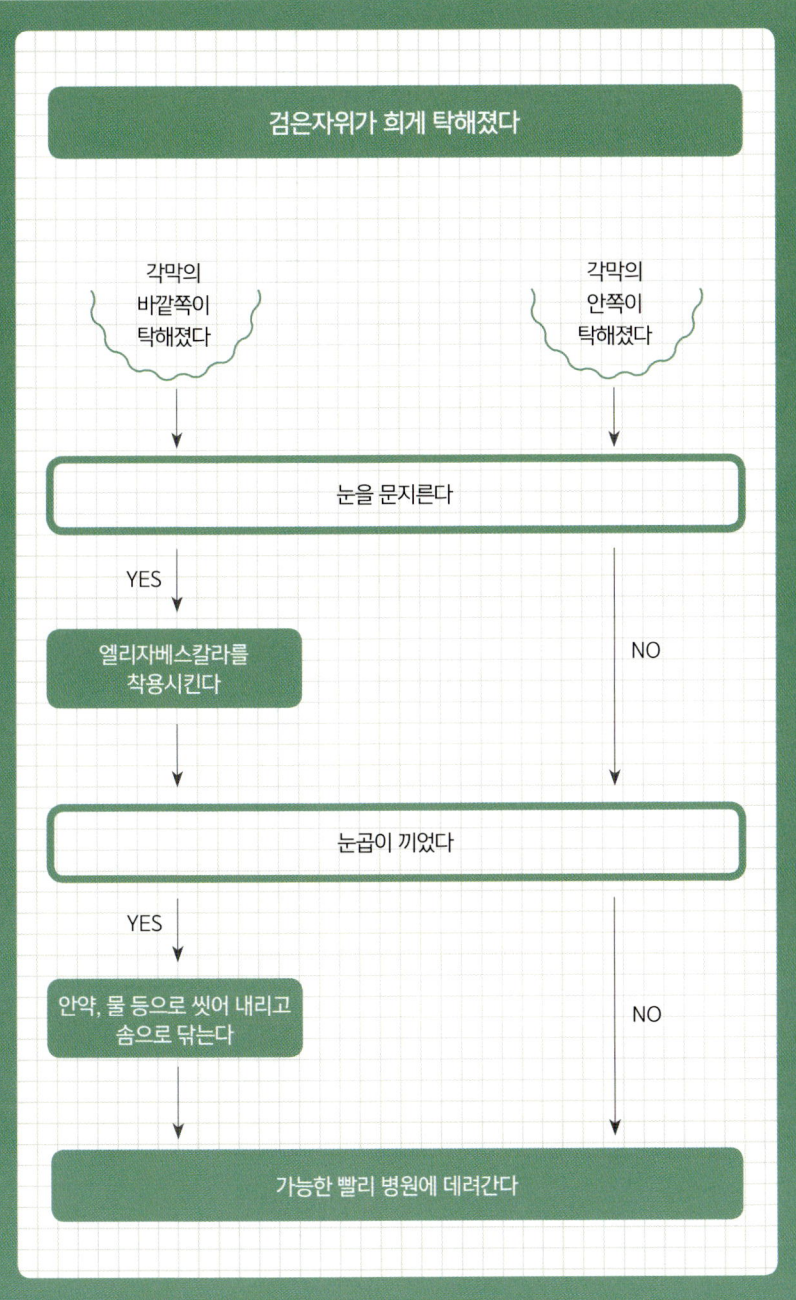

제1장 얼굴

둘. 눈이 껄끄러워 뜨기 힘들고, 흰자위가 붉다

◆ 주된 증상과 원인

눈이 부시거나 껄끄러워 뜨기 힘들어지는 것(수명·羞明)은 눈에 통증이나 이물감이 있을 때입니다. 여러분도 경험한 적이 있어서 알겠지만, 눈에 티끌이나 털이 들어가는 것이 가장 흔한 원인입니다. 또한, 눈의 염증이 생겼을 때나 각막에 상처가 생겼을 때도 일어나는 증상입니다.

염증이 생기는 부위로는 결막, 각막, 포도막 등이며, 흰자위가 빨갛게(충혈) 됩니다. 그리고 흰자위가 빨갛게 되는 것은 눈에 분포하는 혈관이 염증으로 드러나기 때문입니다. 외부로부터 강한 충격을 받아서 결막 밑의 혈관이 파열하면 출혈이 생겨 부분적으로 빨갛게 되는 경우도 있습니다.

이 증상의 원인으로 생각할 수 있는 가장 심각한 병이 녹내장입니다. 각각의 증상에 대해 원인을 자세히 살펴보겠습니다.

01 결막염

결막은 흰자위 부분을 덮는 점막으로 털, 먼지, 모래, 꽃가루, 풀, 약물, 벌레, 미생물 등의 이물이 들어가서 염증을 일으키기 쉬운 부분입니다. 그 밖에 알레르기가 결막염의 원인이 될 수도 있습니다.

02 포도막염

포도막이란 홍채, 모양채, 맥락막 등으로 구성되어 눈의 내부에 있습니다. 포도막의 역할은 동공을 조정한다든가, 눈속의 물(안방수)을 만들어 안구의 모양이나 딱딱한 정도를 유지한다든가 눈의 안쪽 부분에 영양분을 공급하는 것 등입니다. 포도막에 염증이 발생하면 흰자위가 충혈되고 통증도 강해지며 동공이 작아지는 경우도 있습니다.

03 녹내장

눈속의 물(안방수)이 어떤 이유로 지나치게 체류하여 안압이 높아지는 질병입니다. 녹내장에 걸리면 흰자위의 충혈과 통증은 더 강해지며, 치료가 늦어지거나 중증화하면 실명하게 됩니다.

04 전신성의 몸 컨디션 불량

전신에 강한 염증이 나타나는 경우에는 두 눈을 잘 뜰 수 없어 시력장애 상태에 빠질 수도 있습니다.

◆ 응급처치

01 이물을 제거한다(모두)

먼저 눈을 잘 관찰하여 티끌이나 털 등 이물이 들어가 있는 것을 발견하면 이물을 제거해 주기 바랍니다. 눈물 성분이나 세정용 점안액이 있으면 그것으로 씻어 내리면 좋지만, 만약 없다면 소량의 수돗물이라도 괜찮습니다. 몇 방울 떨어뜨려 눈꺼풀을 부드럽게 떴다 감았다 시킨 다음 솜으로 가볍게 닦아 주세요.

02 엘리자베스칼라를 착용시켜 준다(모두)

이물을 찾지 못한 경우에는 반려견이 눈을 문지르지 못하도록 엘리자베스칼라나 이것과 같은 역할을 할 수 있는 것을 목에 착용시켜 주세요. 반려견들은 눈에 이물감이나 통증이 있을 때에는 앞발로 눈을 문지르거나 땅바닥에 문지릅니다.

03 포도막염이나 녹내장, 전신성 질환이 의심되는 경우는 병원에 데려간다(02, 03, 04)

가벼운 정도의 결막염이나 결막하 출혈이라면 앞에서 설명한 응급처치만으로도 증상이 좋아지는 경우도 있으나, 만약 포도막염이나 녹내장이라면 촌각을 다투기 때문에 상태를 너무 오랫동안 지켜보지 말고 빨리 병원에 데려가서 진료받기를 권합니다.

각막의 상처도 악화하면 최악에는 구멍이 생기는 (천공) 경우도 있습니다. 역시 빨리 병원에 데려가야 합니다. 또한, 식욕이나 원기가 없고 열이 있을 경우에도 서둘러 병원에 데려가야 합니다.

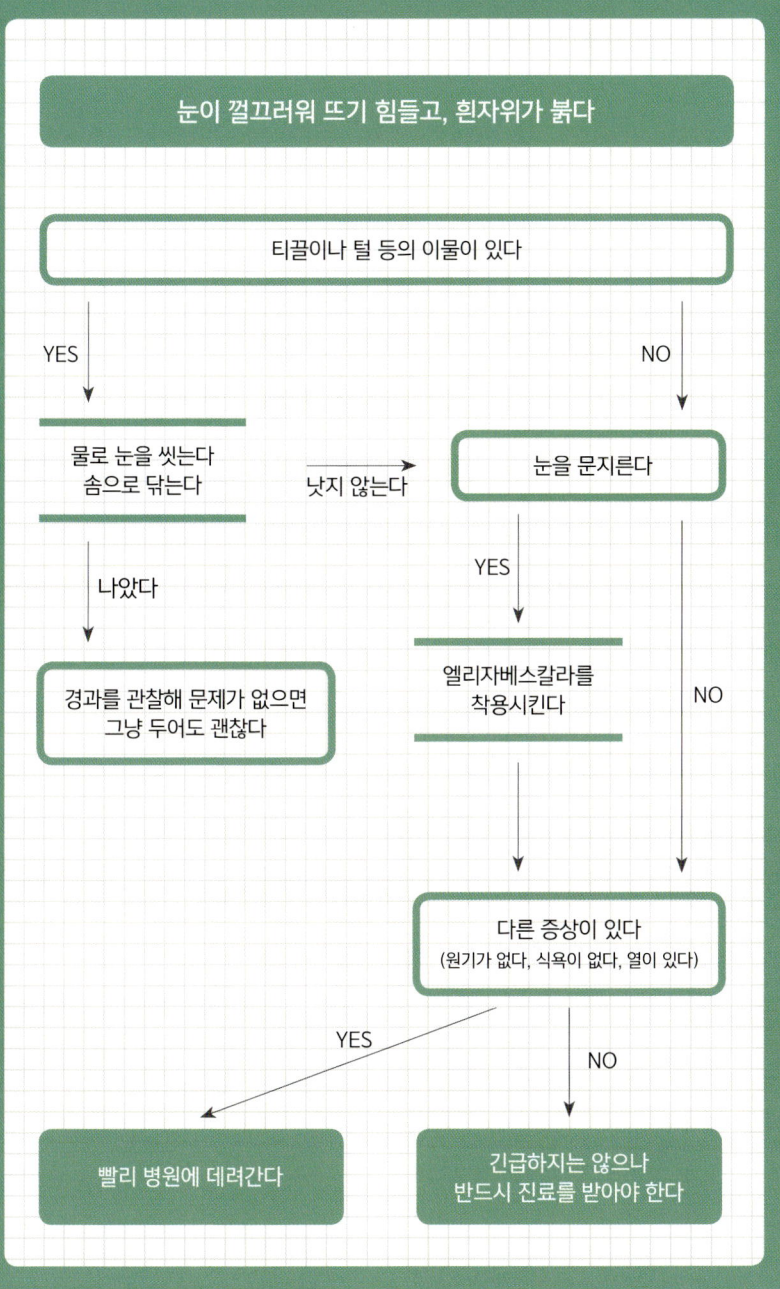

셋. 눈이 부었다, 또는 튀어나왔다

◆ 주된 증상과 원인

통상적으로 눈이 부었다고 해도, 눈꺼풀이 부었는지 아니면 안구 자체가 부었는지에 따라 원인이 크게 달라집니다.

눈꺼풀이 붓는 원인으로는 안검염, 맥립종(다래끼), 산립종 등이 있습니다. 한편 안구가 붓거나 또는 튀어나오는 원인으로는 녹내장, 안구 내 종양, 농양, 구조 이상에 의한 후방으로부터의 압박 등을 생각할 수 있습니다. 또한, 불독을 비롯한 단두종은 외상 또는 두부의 압박 등으로 인해 안구가 탈출하는 경우도 있습니다.

[눈 주위의 이상]

01 안검염

어떤 원인으로 눈꺼풀에 염증이 일어나 부은 상태로 통증을 동반합니다. 세균이나 진균, 기생충의 감염 또는 면역매개성 질환에 관계되는 경우도 있습니다.

02 맥립종(다래끼), 산립종

마이봄샘이 *종창하는 질병으로 세균감염의 유무로 구별됩니다. 맥립종은 동통(쑤시고 아픔)과 염증이 강하게 나타나는 경우가 많으며, 주로 나이 어린 반려견에게 자주 발생합니다. 산립종은 세균감염이 없기 때문에 통증은 약하고 시간의 경과와 함께 붓는 경우가 많습니다.

*종창 : 곪거나 부어오르는 것

03 체리아이

눈 안쪽에 핑크색의 혹 같은 것이 돌출해 있는 상태입니다. 많은 동물한테는 눈구석 안쪽 세 번째 눈꺼풀인 '순막'이라는 막이 있습니다. 그 근원에 있는 순막샘이 밖으로 튀어나온 상태입니다. 2세 이하의 어린 강아지에게 자주 볼 수 있습니다.

[눈의 이상]

04 녹내장

눈속의 물(안방수)이 지나치게 많이 체류하여 안압이 높아지는 질병입니다. 강한 통증과 충혈을 동반합니다. 안압이 높아져도 갑자기 안구가 커지지 않으며, 안구가 커지는 것은 녹내장이 상당히 진행한 이후로 '우안(소눈)'이라 불리는 상태입니다.
이런 상태까지에 이르게 되면 눈은 실명했으며, 시력이나 안구의 크기를 원래대로 회복시킬 수 없습니다.

[구조 이상]

05 외상 등

단두종의 경우에 외상을 입었을 때나 머리 부위의 압박 등으로 인해 안구가 탈출하는 경우가 있습니다. 또한, 싸우거나 깜짝 놀랐을 때 평소보다 눈이 더 튀어나올 수 있습니다.

🟢 응급처치

01 인공눈물로 씻어 내린다(모두)

빨대가 있으면 빨대로 인공눈물을 흡입하여 한쪽 구멍을 손가락으로 막고 조금씩 막은 손가락을 떼면서 부드럽게 흘러내립니다(히알루론산 점안액도 괜찮습니다).

02 눈 주위를 따뜻한 타월로 깨끗하게 닦아 주고 엘리자베스칼라를 착용시킨다(모두)

눈꺼풀이 부었을 때 또는 안구, 순막샘이 붓거나 튀어나왔을 때는 우선 반려견이 눈을 앞발로 문지르거나 땅바닥에 비비지 않도록 하는 것이 중요합니다. 눈을 문지르면서 부기가 염증을 더하게 할 뿐만 아니라, 눈 표면의 각막에 상처를 낼 수 있기 때문입니다. 이를 예방하는 방법으로는 엘리자베스칼라나 이와 비슷한 역할을 하는 것을 목에 착용시켜 주는 것입니다. 알레르기 등의 일과성 안검염이라면 이러한 응급처치만으로도 시간이 흐름에 따라 호전될 수 있습니다.

03 체리아이는 상태를 관찰하며 병원에 데려간다(03)

체리아이인 경우에는 긴급을 요하지는 않지만, 병원에서의 처치가 필요하므로 반드시 진료를 받도록 해야 합니다.

04 녹내장일 경우 즉시 병원에 데려간다(04)

녹내장으로 눈이 부은 경우에는 최대한 빨리 병원에 데려가서 진료를 받도록 합니다. '우안(소눈)'이 되고 나면 이미 시간이 늦습니다. 눈이 부어서 커지면 눈을 잘 깜빡거리지 못하게 됩니다. 이런 경우에는 히알루론산 점안액 등으로 각막을 보호하기 바랍니다.

05 젖은 거즈로 눈을 덮어 준다(05)

외상이나 두부의 압박으로 안구가 탈출한 경우에는 각막이 마르거나 오물 등이 부착하지 않도록 젖은 거즈로 눈을 덮어 주세요. 그 다음 저절로 원상회복되도록 그냥 두지 말고 빨리 병원에 데려가야 합니다. 정도에 따라 다르기는 하지만, 병원에 데려가기 전에 반려인이 응급처치를 함으로써 실명하지 않고 원상회복되는 경우도 있습니다.

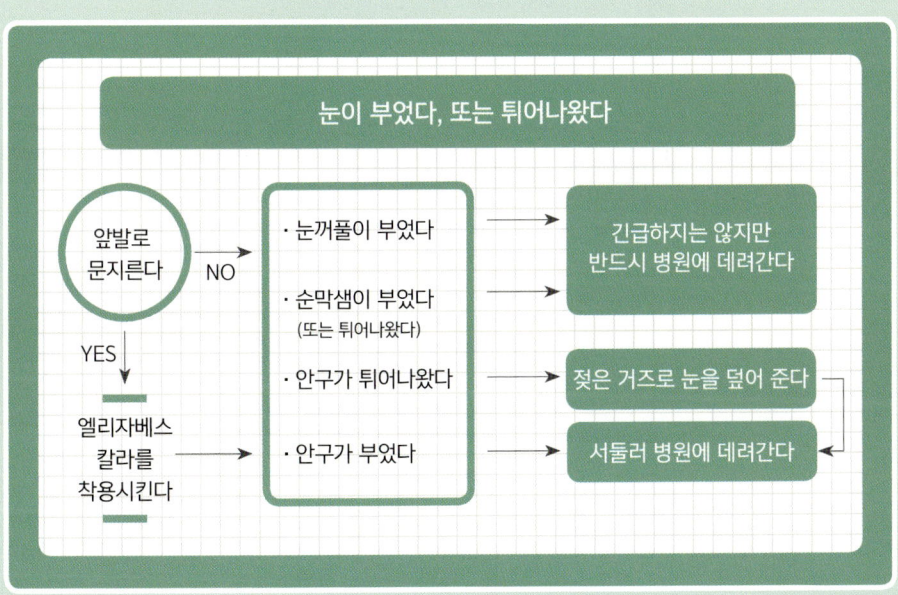

제1장 얼굴

넷. 눈곱이 자주 낀다

◆ 주된 증상과 원인

점액의 분비가 심해지면 눈곱이 끼게 됩니다. 생리적인 것인지 아니면 병적인 것이 원인인지에 대한 판단은 눈곱의 색깔이나 모양으로 할 수 있습니다. 각각의 증상과 원인을 살펴보겠습니다.

01 눈구석에 부착된 건조한 갈색의 눈곱

생리적인 것으로 특별히 치료할 필요는 없습니다.

02 눈구석에 체류하는 흰색~회색의 점성인 눈곱

생리적인 것으로 특별히 치료할 필요는 없습니다. 다만, 너무 양이 많은 경우는 알레르기일 가능성도 있습니다.

03 황록색의 농성인 눈곱 또는 눈 주위 전체에 부착된 눈곱(황색, 적갈색)

감염이나 염증을 일으킬 가능성이 높으므로 주의가 필요합니다. 또한, 드라이아이(건성각결막염)인 경우에도 점성이 높은 눈곱이 대량으로 생깁니다.

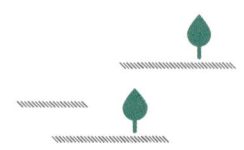

◆ 응급처치

01 양이 많아진 것이 눈물인지 눈곱인지를 확인한다(모두)

우선 양이 많아진 것이 눈물인지 눈곱인지, 그리고 눈곱이라면 어떤 형태의 눈곱인지를 확인하는 것이 중요합니다. 그에 따라 응급처치가 달라집니다.

02 생리적인 눈곱이면 닦아 낸다(01, 02)

생리적인 눈곱이라면 수돗물로 적신 깨끗한 솜으로 닦아 주는 것이 좋습니다. 눈에서 코에 걸치는 부위가 젖는 상태가 되지 않도록 해야 합니다.

03 병적인 눈곱은 병원에 데려간다(03)

병적인 눈곱인 경우에는 치료가 필요하므로 병원에 데려가서 진료를 받도록 하세요. 만약 눈곱의 양이 많아 눈을 뜨기가 어렵거나 반려견이 눈을 의식하는 듯한 행동을 한다면, 역시 수돗물로 적신 솜으로 부드럽게 닦아 주기 바랍니다.

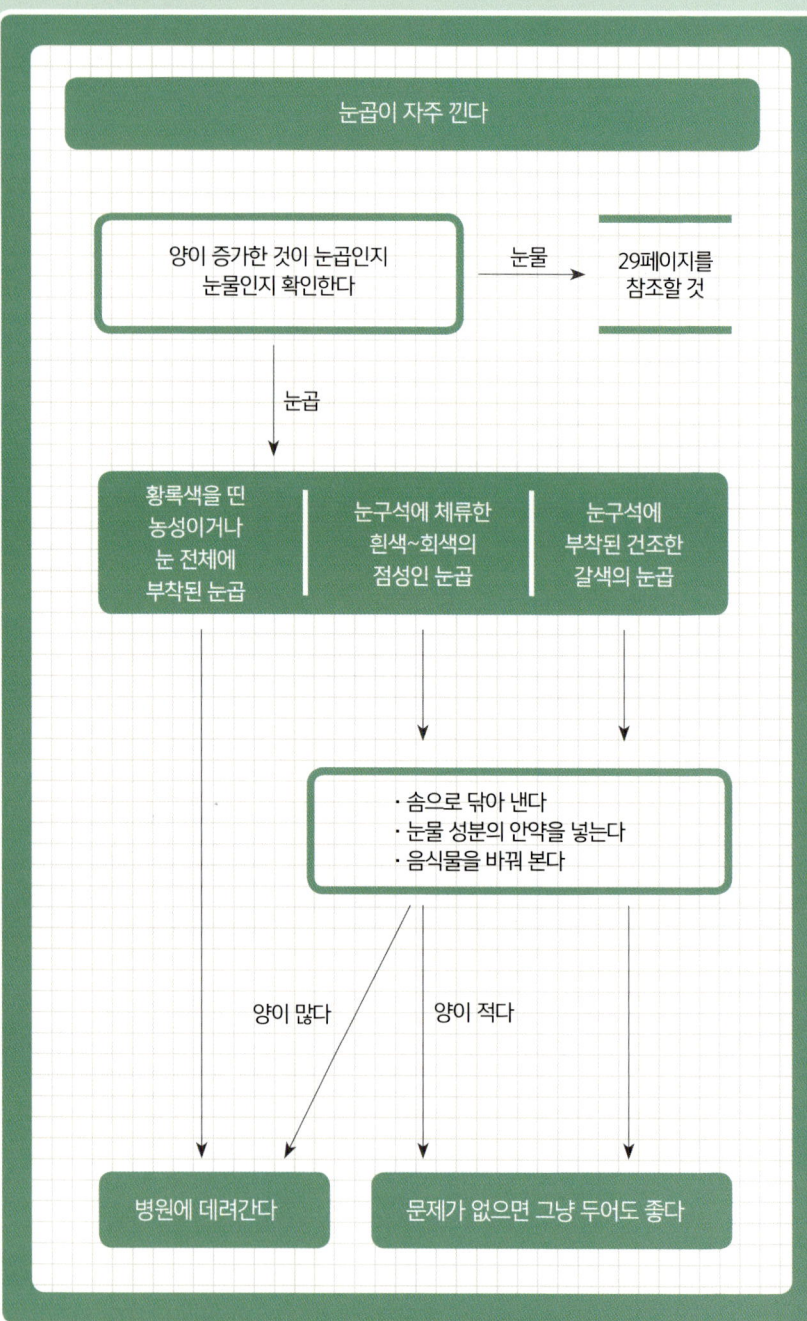

다섯. 눈물을 잘 흘린다

◆ 주된 증상과 원인

염증이나 이물 등 각종 원인으로 눈이 자극을 받음으로써 반사성으로 누액이 분비하는 증상이 나타납니다. 그리고 눈물 양은 평상시와 같지만, 원래 빠져나가야 할 통로로 눈물이 통과하지 않아서(통과장애) 많아 보이는 경우도 있습니다. 각각의 주된 증상과 원인을 자세히 알아보겠습니다.

[눈물의 생산량 증가]

01 염증
각막염이나 결막염뿐만 아니라 다래끼 등으로 생긴 눈꺼풀의 염증도 눈물이 많아지는 증상과 관계가 있습니다. 눈이나 눈꺼풀이 붓고 눈물이 나옵니다.

02 이물
눈에 털이나 티끌 등 이물이 들어감으로써 눈물이 평소보다 많이 나오게 됩니다.

[눈물의 통과장애]

03 유루증

눈물이 코로 흐르는 것이 어려워지면 눈꺼풀에서 눈물이 넘쳐나와 눈 주위의 털이 갈색이 됩니다. 이것을 '유루증(눈가 착색)'이라 합니다. 이런 현상은 토이종이나 털색이 옅은 반려견에게서 많이 나타나며, 눈물에 포함된 포르피린(porphyrin) 등이 빛에 반응해 갈색을 띠게 됩니다.

눈물이 넘쳐나는 원인으로 비루관의 막힘과 같은 후천적 원인과 눈꺼풀의 모양이나 속눈썹이 나 있는 상태와 같은 선천적 원인이 있습니다. 또한, 눈물의 생산이 증가할 때 발생하는 경우도 있으므로 주의가 필요합니다.

◆ 응급처치

01 인공눈물이나 점안액으로 눈을 씻는다(01, 02)

먼저 인공눈물이나 점안액으로 눈을 씻어 줍니다. 그런 다음 며칠 동안 상태를 두고 봅니다. 증상이 호전되지 않으면 병원에 데려가야 합니다.

02 눈에 이물이 있으면 제거한다(모두)

눈을 잘 관찰해 티끌이나 털 등 이물이 들어가 있지 않은지 체크하세요. 만약 이물이 발견되면 눈물 성분이나 세정용의 점안약으로 씻어 내는 것이 좋지만, 상비한 것이 없다면 소량의 수돗물로 씻어 내는 것도 무방합니다. 몇 방울을 떨어뜨려 눈꺼풀을 부드럽게 떴다 감았다 한 다음 솜으로 닦아 주면 됩니다.

03 평소에 유루증을 예방한다 (03)

가정에서는 유루증이 심해지지 않도록 눈 주위를 항상 깨끗하게 해주세요. 만약 반려견이 눈물이 많다면 그 원인이 무엇인지 병원에서 진료를 받아 원인을 확실히 알 필요가 있습니다.

일반적으로 강아지일 때의 유루증은 눈물의 통과 장애처럼 성장에 동반하는 것이 많습니다. 원인을 알면 일상의 케어가 가능하므로 반드시 한 번은 병원에서 진찰을 받도록 하세요.

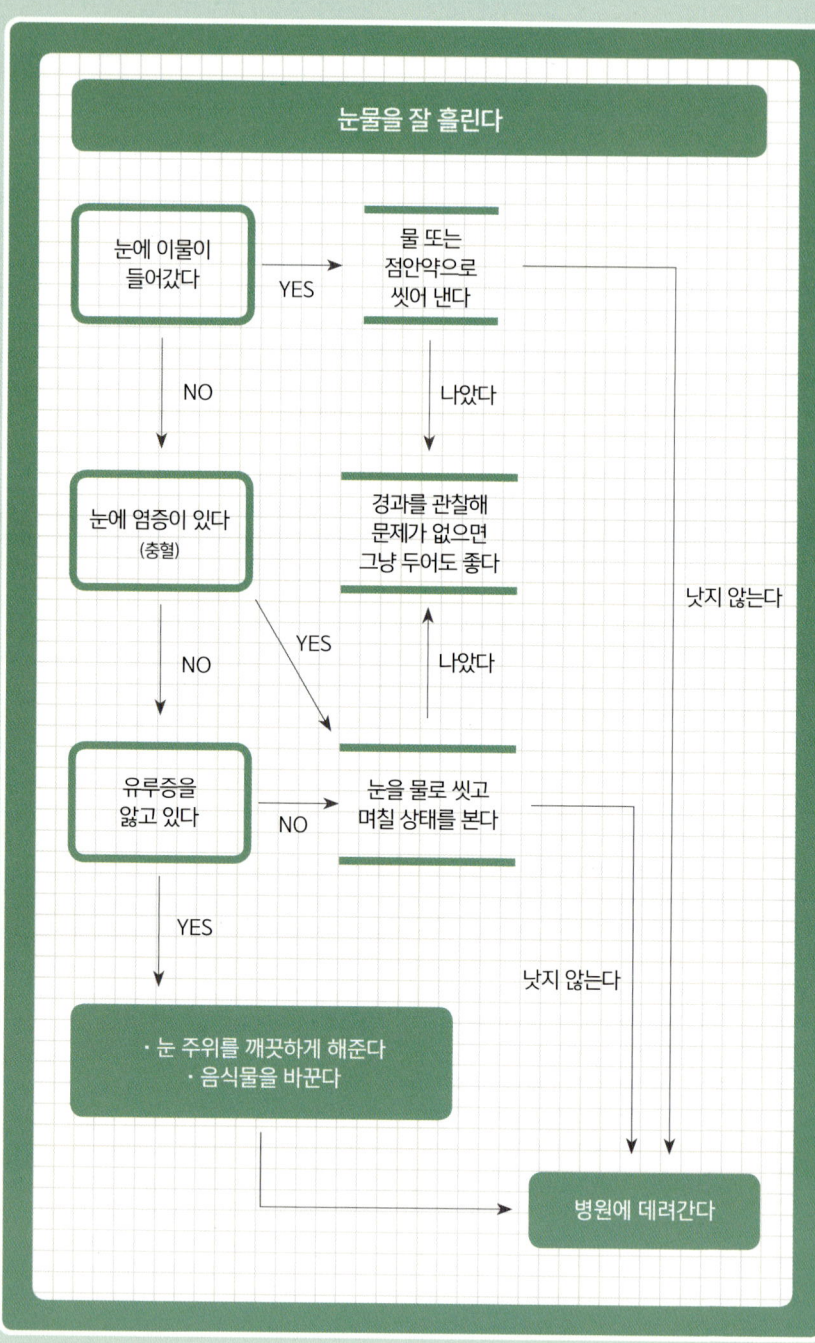

여섯. 재채기, 콧물이 나온다 (물, 고름, 피 등의 형태)

◆ 주된 증상과 원인

재채기는 기침과 달리 주로 상부기도(코)가 자극을 받아서 나오게 됩니다. 약한 재채기는 이물의 배출을 위해서나 습도 변화 등에 의해 나오기도 하며, 계절이 바뀔 때 조금씩 하는 정도는 상태를 두고 보아도 괜찮습니다. 그러나 병적인 원인이 의심될 경우에는 같이 생활하는 반려견에게 감염이 되거나 빈발하면 체력 저하로 이어질 수 있으므로 각각의 증상에 맞는 응급처치와 검사, 치료 등이 필요합니다.

01 감염성 비염

감염성 비염이 병적인 재채기의 원인으로 가장 많으며 세균이나 바이러스, 드물게는 진균에 의해서도 일어납니다. 특히 나이 어린 강아지에게서 많이 볼 수 있습니다. 여러 가지 상태의 진한 콧물을 동반하기도 하고, 강아지에게는 콧물을 동반하지 않는 바이러스 감염이 매우 많습니다. 평소보다도 콧물이 분명히 많이 나오거나 고름기가 있는 피가 섞여 있는 콧물이 나오는 이상 증세가 나타납니다.

02 이물

콧구멍의 입구 또는 내부에 이물이 존재함으로써 재채기나 콧물이 나오는 경우가 있습니다. 재채기나 콧물을 일으키는 비교적 흔한 이물로 식물의 씨앗과 건사료 등이 있습니다.

03 알레르기

특정 계절이나 담배, 향수 등에 의해 재채기가 나오는 경우는 알레르기일 가능성이 높습니다. 특히 어린 강아지가 재채기를 한다면 계절과의 관계(꽃가루 등) 또는 방문객, 새로운 환경 등이 재채기의 원인이 될 수 있습니다.

04 치주병

넓은 의미에서는 비염으로 분류됩니다. 고령의 반려견의 경우에는 이 원인이 많습니다. 양치질을 충분히 하지 않음으로써 생기는 치태, 치석의 부착 등이 치주병을 일으킬 수 있습니다. 치주병이 심해지면 치주병균이 턱뼈를 녹이고 점점 깊은 곳으로 들어가서 코로 연결되는 관을 만들게 됩니다. 그렇게 되면 치주병균이 코에 들어가서 농성(황색 고름)의 콧물을 동반한 재채기가 나오게 됩니다. 양치질을 하지 않아 치석이 부착된 반려견이 재채기를 하거나 콧물이 많아졌다고 생각되면 주의 깊게 살펴봐야 합니다.

05 암을 포함한 종양

콧속에 생긴 종양에 의해 재채기나 진한 콧물이 나오는 경우가 있습니다. 특히 고령의 반려견은 주의가 필요한데, 그중에서도 코피가 나올 때는 각별히 신경을 써야 합니다. 일반적으로 반려견은 코피를 흘리는 경우가 드물며, 외상이나 치주병일 때 간혹 흘리지만 고령의 반려견이 코피를 흘린다면 종양(암)의 최초 증상일 가능성이 많으므로 더욱 주의가 필요합니다. 코의 종양인 경우 얼굴 모양이 변하게 되는 경우도 많습니다.

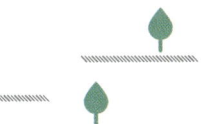

 응급처치

01 먼저 재채기 예방을 한다(모두)

원인를 불문하고 재채기를 예방하기 위해서는 사람과 마찬가지로 공기청정기나 가습기를 사용해 실내의 환경을 적절히 유지해 주는 것이 좋습니다. 온도 25℃, 습도 50~60%가 적당합니다. 습도가 너무 낮으면 바이러스 등에 의해 재채기가 나오기 쉬우므로 반려인들은 적정한 습도를 유지할 수 있도록 주변 환경 개선에 관심을 가져야 합니다.

02 어린 반려견은 잘 먹여야 한다(01)

나이가 어린 반려견은 성장함에 따라 체력이 강해지면서 증상이 자연스럽게 낫는 경우도 있습니다. 음식을 잘 먹여서 체력을 보강해 주기 바랍니다. 그러나 몸집이 작은 반려견은 재채기를 계속하게 되면 체력이 떨어질 수 있으므로 너무 상태를 오래 두고 관찰해서는 안 됩니다.

03 이물을 제거한다(02)

이물이 밖에서 보이는 경우에는 핀셋으로 살짝 집어서 제거해 줍니다. 다만, 식물의 씨앗이나 건사료 등일 때는 걸려 있을 수도 있으므로 무리하게 잡아당기지 말아야 합니다. 또한, 콧구멍 깊이 이물이 들어갔다면 밖에서는 볼 수가 없기 때문에 재채기가 계속되는 원인을 알 수 없을 때는 일단 병원에 데려가서 상태를 살펴봐야 합니다.

04 꽃가루가 날리는 계절에는 산책을 삼가고, 청소도 깨끗하게 해준다(03)

알레르기가 의심될 때는 원인이 되는 물질을 찾아내 제거하고, 꽃가루가 날리는 계절에는 산책을 삼가는 것이 좋습니다. 또한, 실내의 청소를 깨끗이 해서 실내 먼지를 줄여주는 것도 중요합니다. 산책을 한 후에는 반드시 브러싱을 하여 산책 중에 털에 붙은 알레르겐을 제거해 줍니다. 마룻바닥 청소용 시트 같은 것을 사용하는 것도 좋습니다.

05 치태, 치석이 많이 부착되어 있다면 즉시 병원에 데려간다(04)

재채기를 하는 반려견이 치태, 치석이 많이 부착되어 있으면 즉시 병원에 데려가기 바랍니다. 만약 치주병이 재채기의 원인인 경우에는 발치와 같은 처치가 필요할 수 있습니다.

06 고령의 반려견이 재채기를 하면 즉시 병원에 데려간다(05)

고령의 반려견이 재채기를 한다면 혹시 종양이 아닌가를 알아보기 위해서라도 가능한 빨리 병원에 데려가기 바랍니다.

콧구멍의 종양은 크기가 작으면 밖에서 봐서는 전혀 알 수 없습니다. 또한, 고령의 반려견은 종양이 아닌 감염 등의 원인으로도 체력이 떨어져서 낫지 않는 경우도 있습니다. 이러한 이유에서 빨리 진료받기를 권합니다.

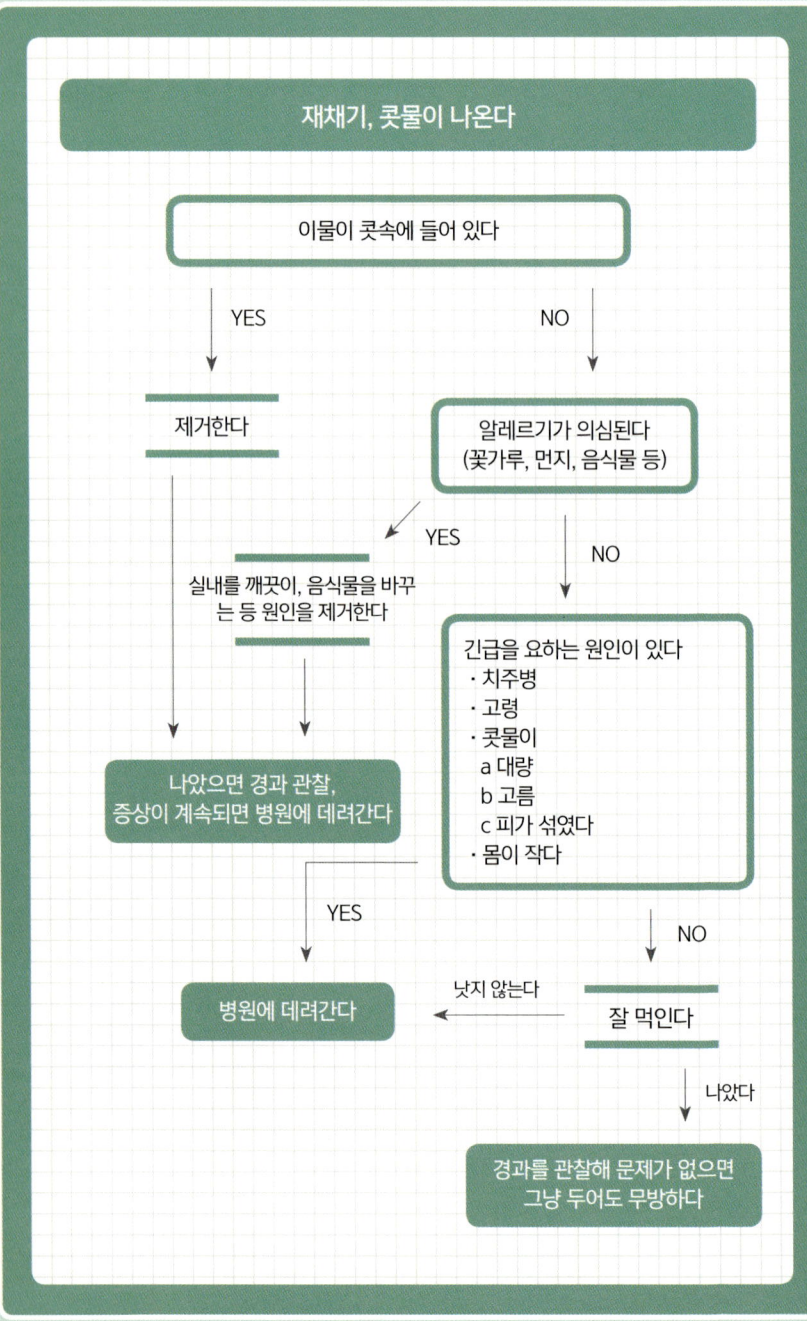

일곱. 호흡이 흐트러지고 코에서 이상한 소리가 난다 (호흡곤란)

◆ 주된 증상과 원인

갑자기 호흡이 흐트러지고 코에서 이상한 소리가 나는 마치 질식하는 듯한 증상이 나타나는 경우가 있습니다. 대부분 호흡곤란이라고 하는 흡기성(吸氣性-숨을 들이마실 때 생김)의 노력호흡입니다. 보통은 1~3분 정도 계속되다가 저절로 진정됩니다. 호흡곤란은 어떤 반려견에게나 비교적 흔하게 나타나는 증상으로(특히 코가 짧은 치와와나 푸들에게서 많이 나타남), 대부분의 경우는 인두 부분의 이상에 의해 증상이 나타나는 것으로 보고 있으나 정확한 원인을 특정하기는 어렵습니다. 또한, 호흡곤란이 일어나지 않을 때는 아무런 증상도 없으므로 *1 치아노제가 나타나는 등 호흡곤란에 빠지거나 반려견의 생활의 질까지 영향을 미치지는 않습니다. 그러므로 치료를 필요로 하지 않는(치료가 존재하지 않는) 경우가 많고, 바꿔 말하면 만성적, 우발적으로 증상이 지속되는 질병이라고 할 수 있습니다.

---

*1 치아노제(Zyanose) : 세포로의 산소 공급이 부족하여 피부색이 청자빛 또는 암적색으로 변한 상태

그리고 성별과 연령에 관계없이 발증하며 드물게는 감염증에서 오는 비염, 치태와 치석의 부착에 따른 중증의 치주병(구비루관의 형성과 그것으로 인한 치주병의 코의 감염), 식물의 씨앗이나 건사료 등의 작은 이물, 콧속에 생긴 종양 등의 자극으로 유발되는 경우도 있다고 알려져 있습니다. 이런 경우에는 일반적인 재채기, 진한 콧물, 코 출혈, 코를 고는 등의 다른 호흡기 증상이 나타나는 경우가 많으므로 주의해서 관찰하기 바랍니다.

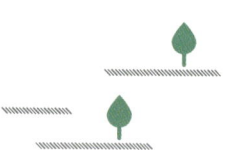

◆ 응급처치

01 좋아하는 물건을 핥게 하거나 냄새를 맡게 한다

저절로 진정되는 경우에는 응급처치할 필요가 없으나, 오래 계속되어 반려견이 고통스러워할 때는 반려견이 좋아하는 물건을 핥게 하거나 냄새를 맡게 함으로써 호흡곤란을 일으키는 시간을 단축할 수 있으므로 시도해 보는 것이 좋습니다. 또한, 반려견을 안고 진정시키는 것도 효과적입니다.

02 호흡곤란 장면을 영상으로 촬영한다

호흡곤란을 일으키는 동안 반려견이 몹시 고통스러워하는데도 반려인은 도대체 무슨 증상인지조차도 알 수 없는 경우가 많으므로 가능하다면 증상이 일어나는 순간의 영상을 촬영하여 수의사에게 상담받기 바랍니다.

03 진한 콧물이 나오면 솜으로 닦는다

만약 호흡곤란과 함께 진한 콧물이 나오면 솜으로 부드럽게 닦아 주세요. 그리고 코피가 흐르는 경우에는 얼굴을 약간 위로 향한 상태로 코를 잠시 압박하여 코피가 멎는지 확인하기 바랍니다.

04 이빨이 오염되었을 때는 칫솔질을 한다

이빨이 오염된 것이 원인이면 반려견이 싫어하지 않는 범위에서 가벼운 칫솔질을 해보세요. 그리고 눈으로 보이는 치태와 치석을 제거해도 근본적인 치료는 되지 않으므로 반드시 병원에 데려가서 진료를 받아야 합니다.

[진료를 받을 때]
호흡곤란의 원인이 되는 질병이 존재하는 경우에는 원인을 찾아서 치료하지 않으면 호흡곤란은 진정되지 않습니다. 호흡곤란과 함께 다른 증상이 발견되면 호흡곤란의 원인이 되는 질병이 존재하는 것이므로 조속히 병원에 데려가기 바랍니다.

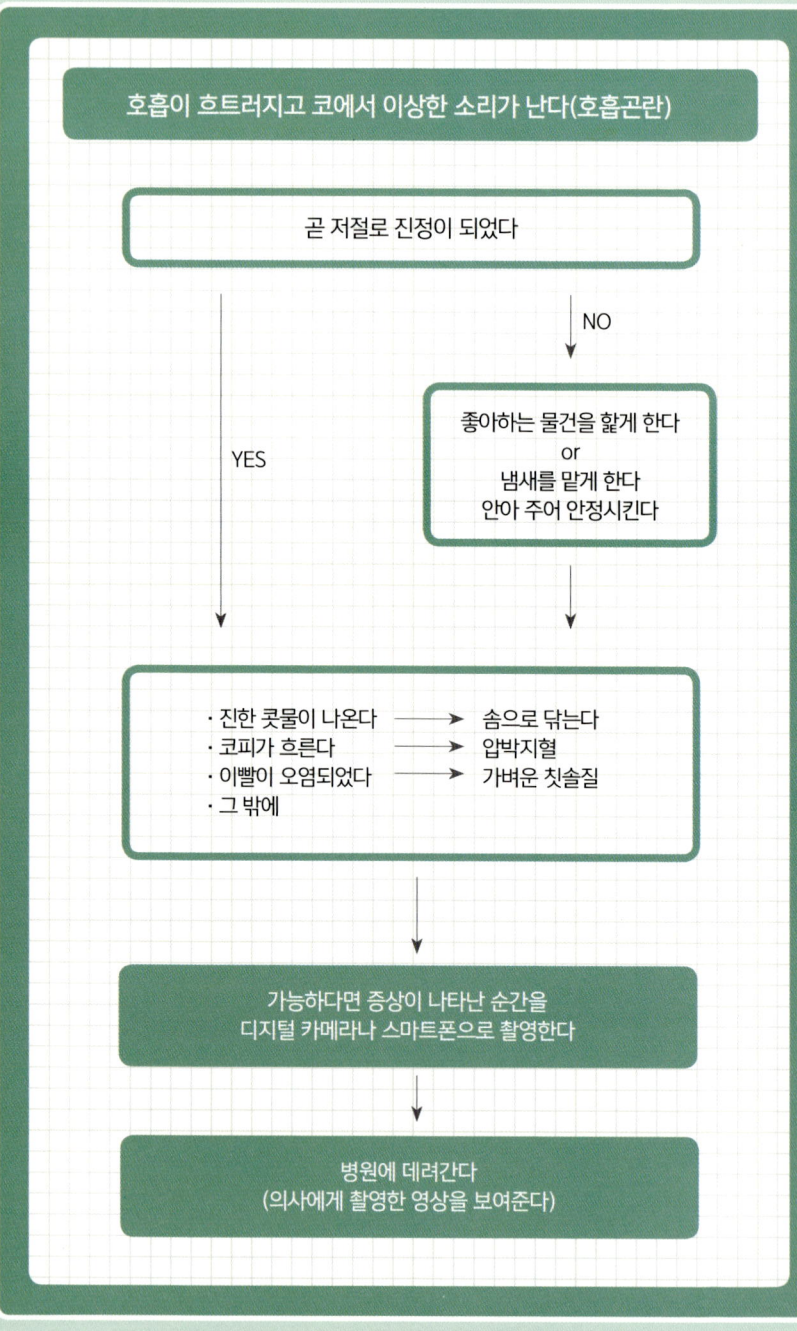

여덟. 코가 말라 있다

◆ 주된 증상과 원인

반려견의 코(정확하게는 비경이라 하며, 털이 나 있지 않고 색깔이 다른 부분을 가리킴)는 후각을 민감하게 작용시키기 위해 샘에서 분비하는 액으로 젖은 상태가 유지되고 있습니다. 콧물로 젖어 있는 것이 아닙니다.

반려견의 코는 일반적으로 몸의 컨디션이 나쁘면 건조해진다고 알려져 있으나 그렇게 단정지어서 말할 수는 없습니다. 생리적인 원인부터 병적인 원인까지 여러 가지가 있습니다. 코가 말라 있는 원인으로는 다음과 같은 것이 있습니다.

[정상]

01 노화
고령의 반려견은 몸의 컨디션에 전혀 문제가 없어도 샘에서의 분비가 감소함으로써 코가 건조하게 되는 경우도 많습니다.

02 수면 때
일반적으로 수면 시에는 코가 건조하므로 잠에서 깰 때까지 말라 있는 경우가 많습니다.

03 운동 후

격렬한 운동을 한 후에도 코가 말라 있을 수 있으므로 평소의 상태를 잘 파악해 둘 필요가 있습니다.

[이상]
04 탈수, 발열

탈수나 발열로 코가 건조한 경우도 있습니다. 특히 고령의 반려견은 탈수를 유발하는 질병에 걸려 있을 수 있고, 그 결과 코가 건조해 있는 경우도 많으므로 주의 깊게 보아야 합니다. 고령의 반려견은 몸이 뜨거워질 때도 주의해야 합니다.

05 피부병

드물게는 피부 이상의 한 증상으로 코의 건조 증상이 나타날 수 있습니다. 또한, 특정 계절에만 코가 건조해지는 반려견도 있습니다.

◆ 응급처치

반려견의 평소의 상태를 잘 파악하고 있는 것이 중요합니다. 반려견의 상태가 평소의 상태와 분명히 다르다면 다음과 같은 응급처치를 해주기 바랍니다(증상이 계속된다면 빨리 진료를 받아야 합니다).

01 바셀린이나 보습성의 크림을 바른다(01)

나이가 들면서 코가 서서히 건조해져서 평소에도 건조해 있다면 특별한 질병이 아니고 그 반려견의 정상적인 상태일 가능성이 높습니다. 그러나 너무 건조해 코가 갈라져 버렸을 때는 통증이나 감염의 원인이 될 수 있으므로 바셀린이나 보습성 크림 등을 발라 주세요. 또한, 고령의 반려견은 탈수 상태에 빠지는 어떤 질병을 지니게 되면서 항상 코가 건조해질 가능성이 있기 때문에 주의 깊게 살펴보아야 합니다.

02 물을 주며 상태를 지켜본다(02, 03)

수면 후, 운동 후에 코가 말라 있지만 몸의 컨디션에 문제가 없는 경우에는 물을 마시게 하고 잠시 상태를 지켜보는 것도 좋습니다.

03 좋아하는 간식 또는 약간 데운 음식물을 준다(04)

코가 건조한 동시에 원기나 식욕이 없고 물도 마시지 않는 경우 또는 소변량이 많은 상태가 계속되는 경우에는 탈수 증상을 일으켰을 가능성이 있습니다. 좋아하는 간식 또는 약간 데운 음식물을 주거나 빨대 같은 것으로 물을 먹여 주거나 바로 마실 수 있는 곳에 물을 준비해 두거나 하는 방법을 시도해 보기 바랍니다.

04 발열이 의심될 때는 몸을 차게 한다 (04)

여름철 등 체온의 상승(특히 더위 먹음에 주의)이 의심되거나, 몸을 만져 봤을 때 뜨겁고 발열이 있는 경우에는 몸을 차게 해주는 응급처치가 필요합니다. 다만, 얼음물을 끼얹는 급격한 냉각처치는 오히려 몸 표면의 혈관을 수축시켜 열의 발산을 막아 체온을 낮추는 것을 어렵게 하므로, 타월로 싼 아이스팩 같은 것을 몸에 대주어 반드시 서서히 체온을 낮추도록 해야 합니다. 어느 경우든지 증상이 호전되지 않으면 즉시 병원에 데려가야 합니다.

05 피부병이 의심되는 경우는 병원에 데려간다 (05)

코가 건조한 증상 이외에 다른 부위의 피부에도 이상이 있으면 피부병일 가능성이 있습니다. 병원에 데려가서 진료를 받아야 합니다. 또한, 특정한 계절에만 코의 건조 증상이 나타나는 경우에는 그 계절에는 반려견용 연고 또는 크림 등을 발라 응급처치하도록 하고, 갈라질 정도로 심한 상태가 아니면 경과를 두고 보아도 괜찮습니다.

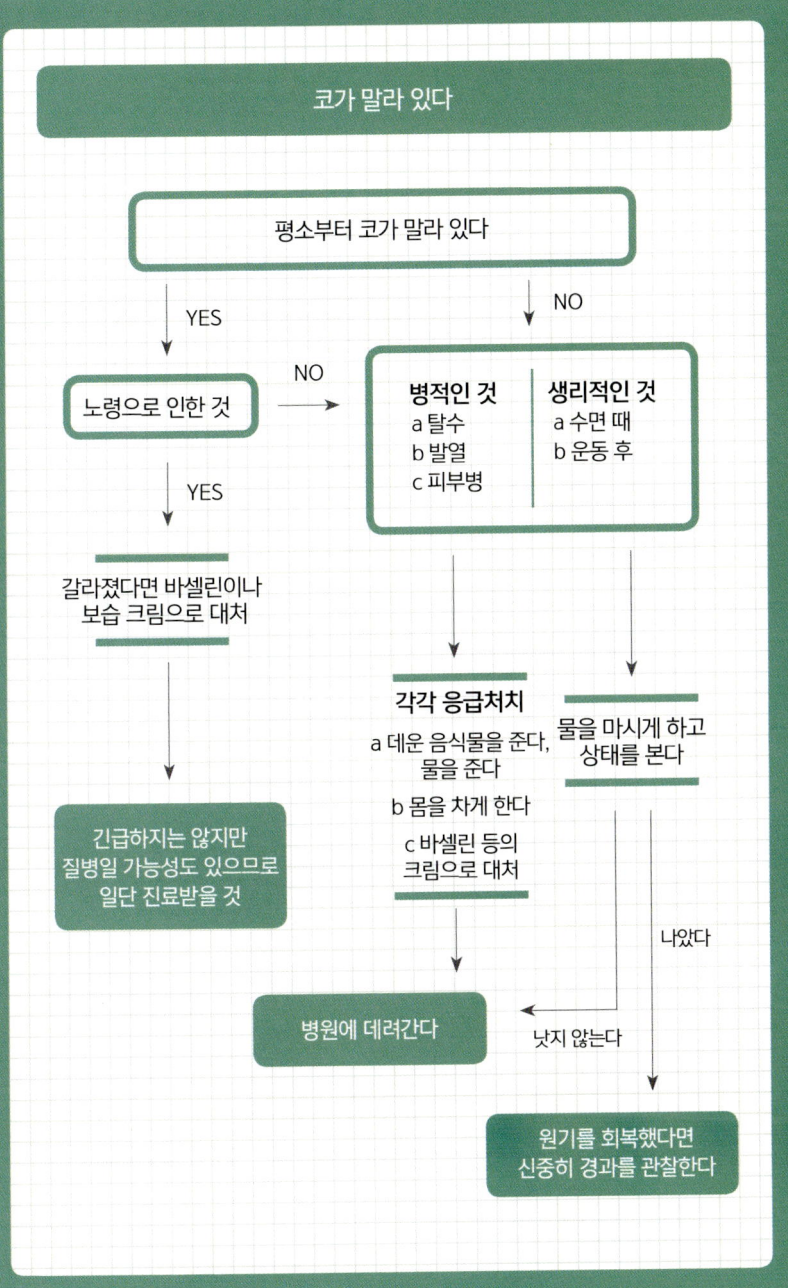

아홉. 코가 막혔다, 코를 곤다

◆ 주된 증상과 원인

코가 막힌 듯 괴로워하고 있거나 코에서 이상한 소리를 내며 코를 골고 있는 경우에는 상부기도(코) 또는 인후두(목구멍) 등에 어떤 이상이 생겼을 가능성이 높습니다. 그 증상과 원인은 다음과 같습니다.

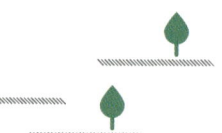

01 비즙(진한 콧물)

코가 막히는 주된 원인은 비즙입니다. 비즙의 원인으로 가장 많은 것은 세균이나 바이러스, 진균 등에 의한 상부기도의 감염입니다.

상부기도에 감염이 발생한 경우 여러 가지 증상이 나타나는데, 재채기나 여러 형태의 비즙, 호흡곤란, 코골이 등의 호흡기 증상이 나타날 수 있습니다. 또한, 드물게는 코피가 나는 경우도 있습니다.

02 이물

비도(콧구멍)의 입구 또는 내부, 목구멍 등에 이물이 존재함으로써 코가 막히거나 이음(異音), 코골이 등이 나타날 수 있습니다. 비도에서는 식물의 씨앗과 건사료, 인후두에서는 동물 또는 생선뼈나 이쑤시개, 장난감 등의 이물이 잘 발견됩니다. 이물이 원인인 경우에는 급성 증상이 나타나는 경우가 많습니다.

03 알레르기

알레르기로 인해 콧속이나 목구멍이 붓는 경우도 있습니다. 특히 특정한 계절이나 담배, 향수 등의 자극물에 접촉한 다음 증상이 나타난 경우에는 알레르기일 가능성이 높습니다.

04 종양

코와 목구멍에 공기의 통과를 방해하는 종류(腫瘤: 혹과 같은 것)라고 하는 이상구조물도 코막힘이나 이음, 코골이 등의 원인이 됩니다.

05 치주병

드물게는 치주병으로 인해 코막힘이나 코골이 등 증상이 나타나는 경우도 있으므로 중간 연령 이상의 반려견에게 치태, 치석 등이 발견되면 주의할 필요가 있습니다.

06 단두종 증후군

단두종이라고 하는 코가 짧은 반려견의 종류(불독, 프렌치 불독, 퍼그 등)는 본래 외비공, 목구멍, 기관 등이 선천적으로 약해 기도 증후군 증상이 나타나는 경우가 있습니다.

◆ 응급처치

01 전신 상태를 보고 긴급성의 유무를 판단한다(모두)

비강에서 인후두에 걸치는 상부기도질환은 급성, 만성 등 여러 가지 증상을 나타내므로 그에 따라 응급처치도 달라집니다. 먼저 반려견이 어떻게 호흡을 하고 있는지부터 전신 상태까지를 잘 관찰하는 것이 중요합니다.

02 비즙(진한 콧물)을 거즈 등으로 닦는다(01)

반려견은 코를 풀게 하여 비즙을 배설시키는 것이 불가능하며, 구조상 코를 막고 있는 비즙을 밀어내서 배출시켜 주는 것도 곤란합니다.
비즙이 나와 있는 경우에는 거즈 등으로 부드럽게 닦아 주고 코막힘이 호전되는가를 관찰해야 합니다. 또한, 코피가 나고 있다면 얼굴을 약간 위로 향하게 한 상태에서 코를 잠시 압박하고 코피가 멎는가를 확인하기 바랍니다.

03 이물이 있으면 제거한다(02)

특히 산책이나 음식물을 먹은 뒤 갑자기 증상이 나타난다면 이물이 의심됩니다. 물을 마시게 하는 등의 응급처치를 하고, 얼마간 상태를 지켜보아도 증상이 계속된다면 코나 목구멍 안쪽을 살펴보기 바

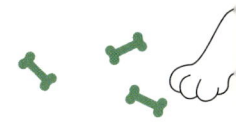

랍니다. 이물이 확인될 때는 핀셋이나 손가락으로 부드럽게 제거해 주세요. 다만, 무리하게 제거하려고 하다가 상처를 내거나 반려견이 싫어하여 반려인을 무는 경우도 있으므로 가정에서 간단히 제거되지 않을 때는 병원에 데려가기 바랍니다.

04 알레르기가 의심되면 즉시 병원에 데려간다(03)

산책 후나 방문객이 다녀간 다음, 사람이 많이 모인 곳에 갔다온 뒤, 지금까지 먹은 적이 없는 간식을 먹은 후 등에 갑자기 증상이 나타나면 알레르기일 가능성이 있습니다. 급속히 악화할 수 있으므로 빨리 병원에 데려가는 것이 좋습니다.

05 종양이 의심되면 즉시 병원에 데려간다(04)

코나 목구멍에 생긴 종양은 증상을 알기 어렵고 발견하는 것도 쉽지 않으므로 진단이 늦어지게 됩니다. 코막힘이나 이음, 코골이 등이 생기게 된 원인이 특정되지 않을 때는 빨리 병원에 데려가서 진료를 받기 바랍니다.

주의

비교적 어린 나이의 반려견은 비인두 폴립이나 타액샘낭포를 비롯한 양성의 종기가 생기는 경우가 많은데, 양성이라 해도 좁은 코나 목구멍에 생기면 종기 사이즈가 커지는 속도에 따라서 호흡이 심하게 저해받기 때문에 수술로 제거해야 합니다. 그리고 고령의 반려견은 비강이나 목구멍에 암이 발생할 수도 있습니다. 종기의 자극에 의한 2차 감염으로 축농증을 유발하는 경우도 있으므로 주의해야 합니다.

06 이빨이 오염되었을 때는 병원에 데려간다 (05)

이빨이 오염된 것이 원인인 경우에는 칫솔질을 해주거나 보이는 곳의 치태, 치석을 어느 정도 제거해도 코막힘이 호전되지 않으므로 반드시 병원에 데려가서 진료받아야 합니다.

07 단두종 반려견은 반드시 병원에 데려간다 (06)

단두종의 반려견은 증상의 중증도가 다르므로 현재의 상태를 파악하기 위해 먼저 병원에 데려가서 진단을 받아야 합니다.

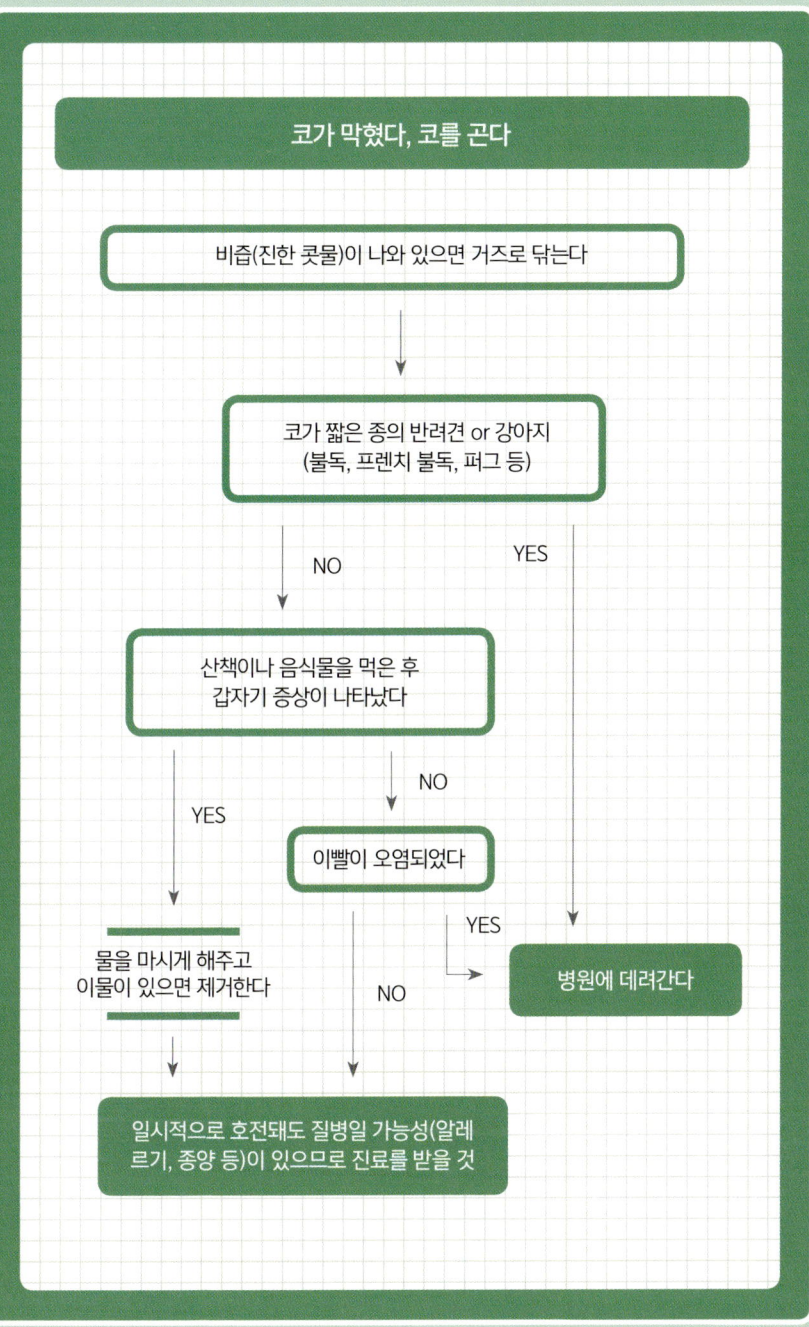

열. 음식물을 삼키기 어려워한다

◆ 주된 증상과 원인

음식물을 먹는 데 시간이 걸리거나 먹기 어려워하는 행동을 보일 때는 다음과 같은 원인을 생각할 수 있습니다.

01 음식물 자체의 문제

병 때문이 아니라 푸드(건사료)의 낱알 크기가 너무 큰 것과 같은 음식물 자체의 문제로 음식물을 삼키기 어려워진 경우도 생각할 수 있습니다.

02 입안의 이상

심한 치주병이나 이빨이 부러진 이유로 인해 발생하는 통증 또는 입안의 이물 등이 원인일 가능성이 있습니다. 마치 사람이 구내염의 통증으로 인해 음식을 먹을 수 없는 상태와 마찬가지입니다. 이 경우 입에서 출혈이 있거나 침 또는 거품을 흘리거나 아프지 않은 쪽으로만 음식물을 씹거나 또는 먹을 때에 아파서 소리를 지르는 증상이 동시에 나타나기도 합니다.

03 목구멍의 염증 등

목구멍의 염증에서 오는 통증으로 인해 음식물을

삼키기 어려운 상태입니다. 사람으로 말하면 목감기로 인해 밥을 잘 먹지 못하는 상태와 같은 경우입니다. 비염 또는 입안의 염증이 퍼져 있는 경우도 있습니다. 비염이 병발하고 있을 때는 고름과 같은 비즙(진한 콧물)이 나오거나 재채기를 하기도 합니다. 목구멍이 아픈 경우 음식물을 먹고 있지 않을 때에도 군침을 삼키는 행동을 할 수도 있으므로 주의해서 관찰하기 바랍니다. 또한, 단두종의 반려견은 *연구개 과장증이라고 하는 목구멍에 막과 같은 점막이 퍼지는 경우도 있습니다.

04 소화관의 운동기능 저하

입, 목구멍, 식도 및 위 등 상부소화관의 운동기능 이상도 생각할 수 있습니다. 음식물을 삼키고 싶지만, 잘 움직여지지 않아서 먹을 수 없는 상태입니다.

05 이물

이물(장난감 등)에 의한 폐색도 생각할 수 있습니다. 특히 활동성이 좋은 반려견이나 어린 나이의 반려견은 이물을 삼켜 식도나 위의 출구, 장 등을 막히게 하는 경우가 간혹 있습니다. 이물에 의한 폐색일 때는 비교적 긴급한 증상이 나타나게 됩니다.

06 종양

소화기관 등에 종양이 생기면 음식물의 통로가 폐색되어 결과적으로 음식물을 먹기 어려워하는 행동을 하게 됩니다.

---

*연구개 : 입천장 위쪽의 연한 부분

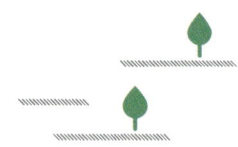

◆ 응급처치

01 먼저 음식물을 바꾸어 본다(모두)

몸집이 작은 반려견은 사료를 낱알이 작은 것으로 바꾸어 줍니다. 고령의 반려견은 음식물을 삼키는 힘이 약해져 있을 수도 있기 때문에 음식물을 물로 불리거나 통조림과 같은 페이스트 형태의 음식물을 주는 등 유동식 상태의 음식물로 바꾸어 주면 증상이 호전되는 경우도 있습니다.

또한, 입이나 목구멍이 아파서 음식물을 삼키기 어려워할 때나 음식물을 삼킬 힘 자체가 약해져 있을 때도 음식물을 부드럽게 하거나 작은 음식물로 바꾸어 줌으로써 호전될 수 있으므로 시도해 보기 바랍니다. 입에서의 출혈이나 비염 등 다른 증상이 병발한 경우에는 가능한 빨리 병원에 데려가야 합니다.

02 소화관 운동의 저하가 의심되는 경우(04)

소화관 운동이 저하하는 어떤 질병이 숨겨져 있는 경우에도 음식물을 부드럽게 해서 주거나 낱알이 작은 것으로 주어서 어느 정도 호전될 가능성이 있습니다. 또한, 음식을 데워 주면 냄새가 증가해 식욕이 생길 수도 있습니다.

그러나 소화관 기능 저하의 원인이 되는 심한 염증, 근육 또는 신경 질환과 내분비 질환 등은 검사로만 발견되는 경우가 많기 때문에 가정에서는 발견하는 것이 어려운 케이스가 대부분입니다. 증상이 계속되면 빨리 병원에 데려가서 진료받기를 권합니다.

03 이물이 있으면 부드럽게 제거한다(05)

이물이 입안 등 잘 발견할 수 있는 곳에 있고 간단하게 제거할 수 있을 때는 손 또는 핀셋 등으로 부드럽게 제거하기 바랍니다. 그러나 어딘가에 걸려 있거나 꽂혀 있을 때는 무리하게 잡아당기면 상처를 내는 경우도 있으므로 주의해야 합니다.

04 종양이 의심되면 병원에 데려간다(06)

입안의 종양은 입안을 들여다봐서 발견되는 경우도 있으나, 혀의 뒤쪽이나 목구멍, 식도 또는 위장의 종양은 겉으로 봐서는 알 수 없는 경우가 대부분입니다. 증상이 계속되면 빨리 진료받기를 권합니다.

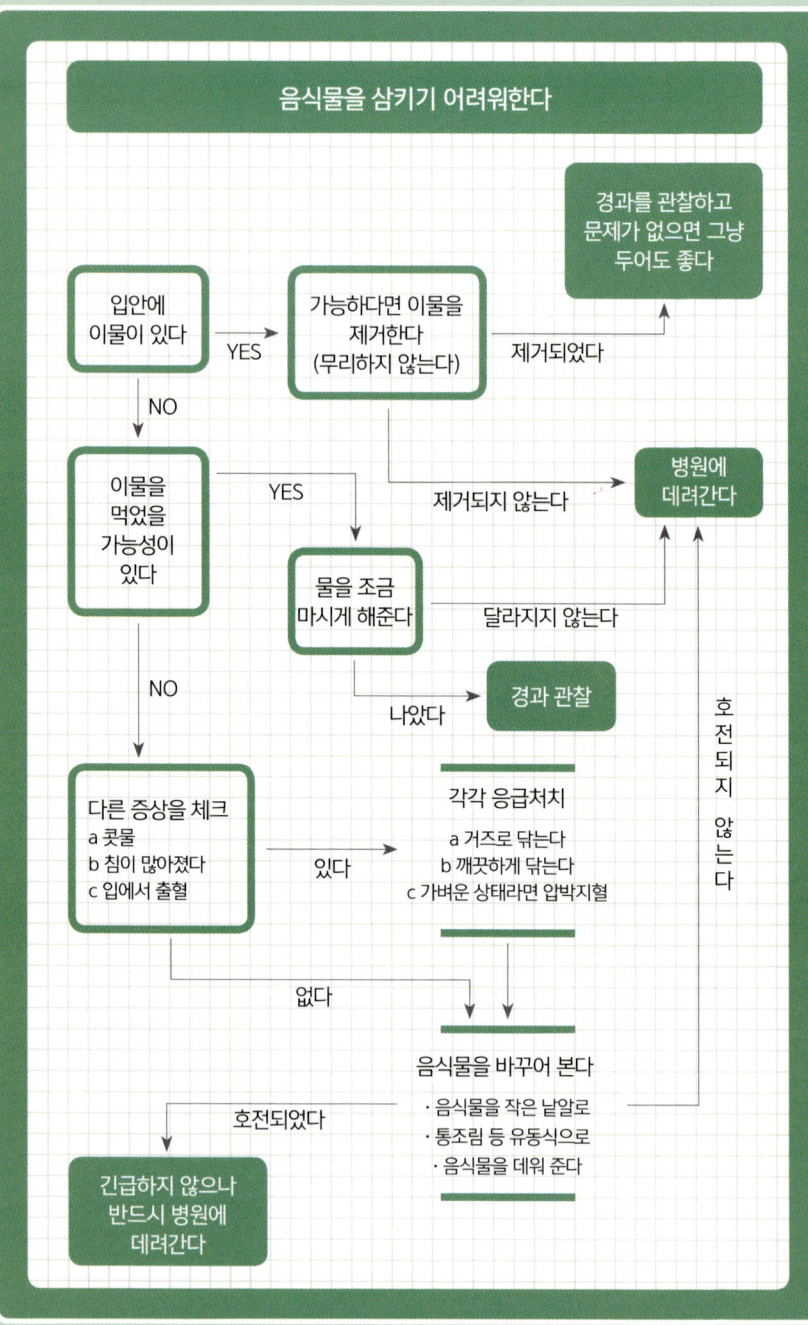

열하나. 입냄새가 심하다, 입을 아파한다, 침을 흘린다

◆ **주된 증상과 원인**

입냄새가 심하다, 입을 아파한다, 침을 흘린다 등의 증상에는 여러 가지 원인이 있습니다. 주된 원인을 살펴보겠습니다.

01 치주병

입냄새, 입의 통증, 침흘림 등의 증상에서 가장 많이 볼 수 있는 원인은 치주병입니다. 치태 자체가 치주병균과 음식물의 남은 찌꺼기 덩어리 같은 것으로 강한 냄새를 풍기는 동시에, 치주병균에 의해 잇몸에 염증을 일으켜 진무르게 되어 강한 냄새가 발생합니다. 이 경우 지독한 냄새뿐만 아니라 염증을 일으킨 치경(잇몸)으로부터의 출혈이나 때로는 음식물을 먹지 못할 정도의 강한 통증, 끈적끈적한 다량의 침을 흘리기도 합니다.

02 신장병

신장병이 악화하여 소변으로 몸 밖에 배설시켜야 할 노폐물이 혈액 중에 다량으로 남게 된 상태(요독증)에서는 독특한 입냄새나 침이 증가하는 증상이 나타납니다.

03 당뇨병

당뇨병에 걸리면 몸 안에 섭취한 당을 에너지로 잘 이용하지 못한 결과, 케톤체라는 물질이 만들어집니다. 이때 입냄새뿐만 아니라 몸에서 케톤 냄새라는 달콤새콤한 독특한 냄새를 발산합니다. 또한, 당뇨병이 악화하면 침이 증가하는 증상이 나타나기도 합니다.

04 이물

입안의 어딘가에 장난감이나 간식 등의 이물이 끼거나 가시와 같은 뾰족한 것에 찔려서 입냄새 또는 입의 통증, 침을 흘리는 등의 치주병과 유사한 증상이 나타나는 경우도 있습니다.

05 종양

입안의 종기로 인해서도 강한 입냄새, 끈적끈적한 침의 증가나 입의 통증 등의 증상이 나타나게 됩니다. 특히 몸집이 큰 반려견은 치주병으로 치경이 부풀어 오르는 양성의 종기가 생기는데, 입안에 생기는 종기는 비교적 악성인 경우가 많으므로 주의해야 합니다.

06 위염, 변비 등

매우 드물지만 위염이나 심한 변비, 이물 또는 종양에 의한 장폐색 등의 소화기 이상으로 입냄새나 침의 증가가 나타나는 경우도 있습니다.

07 노화, 약의 부작용 등에 의한 타액의 감소
여러 가지 원인에 의한 타액의 감소로 구강 내 세균의 증식이나 활동이 활발해지면 입냄새가 심해지게 됩니다.

08 뇌 내 질환
뇌 내 질환과 같은 신경학적 이상으로 침을 많이 흘리는 경우가 있습니다.

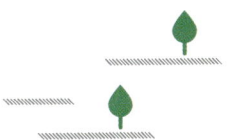

◆ 응급처치

01 부드러운 음식물을 준다(모두)
원인에 관계없이 음식물을 먹을 수 없을 정도의 통증이 있는 경우에는 건사료를 불리거나 통조림을 주는 등 부드러운 음식물을 주기 바랍니다.

02 가벼운 치주병은 치태를 제거한다(01)
치주병이 가벼운 상태(치은염 정도)로 통증이 그다지 심하지 않을 때는 칫솔이나 이빨 닦는 솜 등으로 치태를 제거해 줌으로써 입냄새나 침이 줄어들 가능성이 있습니다.

03 심한 치주병은 입에 손을 대면 안 된다(01)
심하게 치태와 치석이 부착되어 치주병이 생긴 상태의 치경(잇몸)은 조금만 손대도 통증과 출혈을 일으키기 때문에 이런 상태일 때는 치태와 치석을 제거하기 위해 입에 손을 대지 말고 즉시 병원에 데려가는 것이 좋습니다. 무리하게 손을 대려고 하다 보면 입에 접촉하는 것을 싫어하는 트라우마가 생길 수도 있습니다.

04 식욕이나 원기의 유무를 체크한다(02, 03)

입에 문제가 있거나 이물이 없는 것이 확실한데도 강한 입냄새가 나고 침이 증가하는 경우는 당뇨병 또는 신(腎) 장애와 같은 전신성의 질병을 앓고 있을 가능성도 있습니다. 이때는 식욕이나 원기, 체중 등이 서서히 떨어지거나 다음다뇨(多飮多尿)와 같은 증상을 동반하는 경우가 많습니다.

05 입안의 이물을 제거한다(04)

입안에 이물이 있으면 제거해 주세요. 평소에 세심하게 입의 상태를 체크하면 치주병의 원인이 입냄새가 아니라는 것을 알 수 있습니다. 그런데 갑자기 입냄새나 입의 통증이 발견되었을 때는 이물이 원인이라는 것을 예상할 수 있으므로 입을 부드럽게 벌려 이물이 끼었거나 가시와 같은 뾰족한 것이 찌르고 있지 않은지 살펴보기 바랍니다. 만약 이물이 간단하게 제거가 안 될 때는 무리하지 말아야 합니다.

06 입안에 응어리가 있는 경우에는 즉시 병원에 데려간다(05)

입안에서 응어리가 발견된 경우에는 기본적으로 가정에서 해줄 수 있는 응급처치가 없습니다. 앞에서 설명한 것처럼 입에 생기는 응어리는 다른 부위에 생기는 응어리에 비해 악성이 많으므로 즉시 병원에 데려가서 진료받기를 권합니다.

07 입에서 변과 같은 냄새가 나는지 확인한다(06)

입냄새와 침, 그 밖에 구토, 변비, 식욕 부진 또는 복통 등의 증상을 동반하는 경우에는 특히 주의해야 합니다. 특히 심한 변비가 나타나고 입에서 변과 같은 냄새가 날 때는 종양이나 이물에 의한 장폐색의 가능성도 있으므로 최대한 빨리 병원에 데려가기 바랍니다.

08 노화로 인해 발생하는 것은 상태를 지켜본다(07)

노화로 인해 동반하는 호르몬 밸런스의 변화가 생기거나 노화로 인해 어떠한 약을 복용함으로써 침이 감소하고 입냄새가 심해지는 경우가 있습니다. 노화로 인해 오는 것은 상태를 두고 볼 수밖에 없으나, 만약 어떤 종류의 약을 복용하기 시작한 후로 입냄새가 심하게 난다면 일단 복용을 중단하고 병원에 데려가서 상담받기 바랍니다.

09 침이 대량으로 나올 때는 깨끗하게 닦는다(08)

침이 대량으로 나오는 경우에는 입 주위의 피부가 염증을 일으키지 않도록 깨끗하게 닦아 주세요. 앞에서 설명한 원인(01 ~ 07)이 아닌 경우는 뇌 내 질환으로, 가정에서 응급처치할 수 있는 방법이 없습니다.

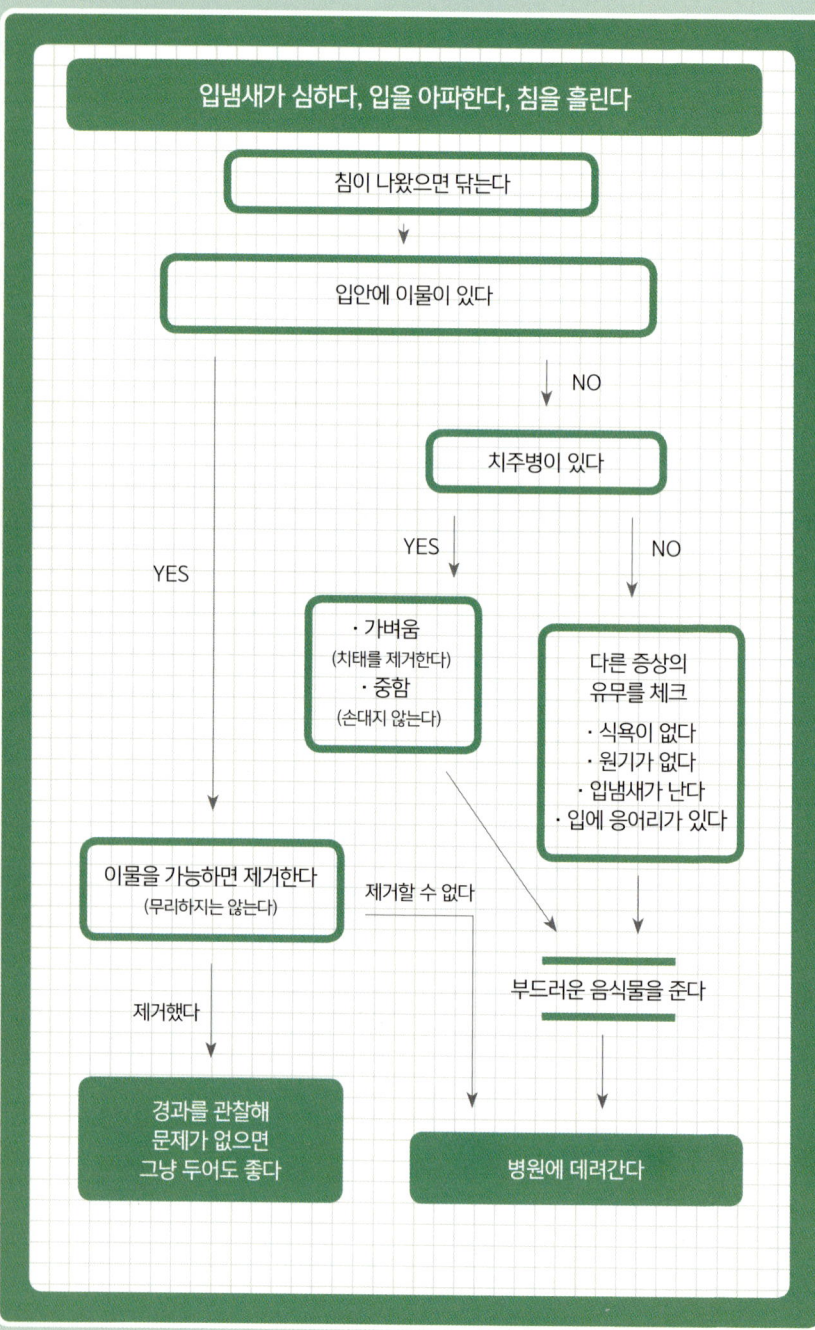

열둘. 음식물을 먹을 때 턱에서 소리가 난다

◆ 주된 증상과 원인

음식물을 먹을 때나 또는 입을 움직일 때 이상한 소리가 나며 어금니에 신경을 쓰는 행동을 하는 경우가 있습니다. 만약 음식물을 입에서 흘린다면 더욱 주의가 필요합니다. 이러한 증상은 다음과 같은 원인을 생각할 수 있습니다.

01 입안의 이상

치은염과 같은 치주병에 의한 통증이나 위화감 등에서 증상이 나타나는 경우와 치석에 이빨이 부딪쳐 소리가 나는 경우가 있습니다. 또한, 흔들리거나 빠지려는 이빨이 신경 쓰이는 경우도 있습니다. 이 중에서 가장 많은 것은 치석에 의한 것입니다. 입을 움직일 때 다량의 치석이 부착된 이빨끼리 서로 마찰하여 이상한 소리가 나고, 치석이 거슬려 어금니를 의식하는 동작을 합니다. 드물게는 입의 깊숙한 곳이나 이빨과 이빨 사이에 이물이 끼거나 치경에 자상을 입음으로써 오는 통증 또는 불쾌감, 이빨의 맞물림이 어려워 입의 움직임이 이상해져서 소리가 나는 경우도 있습니다.

02 종양

고령의 반려견은 암을 포함한 구강 내 종양도 생기는 경우가 있습니다. 종양이 생긴 부위나 크기에도 관계가 있지만, 물리적으로 음식물을 씹는 것에 방해가 되면 증상이 나타납니다.

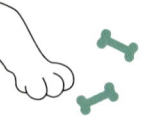

◆ 응급처치

01 칫솔이나 솜으로 치석의 부착을 막는다()

치석이 원인으로 소리가 나는 것을 예상할 수 있는데, 즉시 병원에 데려갈 수 없을 때는 칫솔이나 솜과 같은 부드러운 것으로 가볍게 문질러주어서 다시 치석이 부착되는 것을 막아주기 바랍니다. 그러나 심한 치주병으로 통증이 있을 때나 살짝 손을 댔는데도 출혈을 할 때는 입에 손이 닿는 것 자체가 트라우마가 될 가능성이 있으므로 하지 말아야 합니다.

02 부드러운 음식물을 준다(01)

치주병의 통증이 음식물 때문이라고 판단되면 딱딱한 음식물은 자극을 주어서 통증을 증가시키므로 통조림 또는 따뜻한 물로 불린 건사료 등을 주도록 합니다.

03 이물이 있으면 제거한다(모두)

심한 치주병이나 흔들거리는 이빨이 발견되면 입안에 이물이 없는지 입을 벌려 체크하기 바랍니다. 만약 이물이 있다면 조심해서 제거하세요. 그러나 입안에 상처가 나는 것이 우려되는 경우에는 무리하게 손을 대지 말고 병원에 데려가도록 합니다.

04 심한 치주병이 진행되고 있을 때는 즉시 병원에 데려간다(01)

치석의 부착이나 치주병이 원인인 경우에는 밖에서 볼 수 없는 치경(잇몸)의 깊은 곳에 심한 치주병이 진행되고 있는 것입니다. 이럴 경우는 마취와 함께 제대로 된 처치가 필요하므로 치석이 원인으로 어금니를 의식하거나 이상한 소리를 내고 있다고 생각된다면 가능한 빨리 병원에 데려가야 합니다.

05 입안에 종기가 있을 때는 즉시 병원에 데려간다(02)

입안에서 종기가 발견되었을 때는 기본적으로는 가정에서의 처치는 곤란하므로 즉시 병원에 데려가기 바랍니다. 만약 통증으로 음식물을 먹을 수 없다면 음식물을 물에 불려 준다든가 부드러운 음식물을 주도록 합니다. 입안의 종기에는 악성종양(암)이 많기 때문에 특히 주의가 필요합니다.

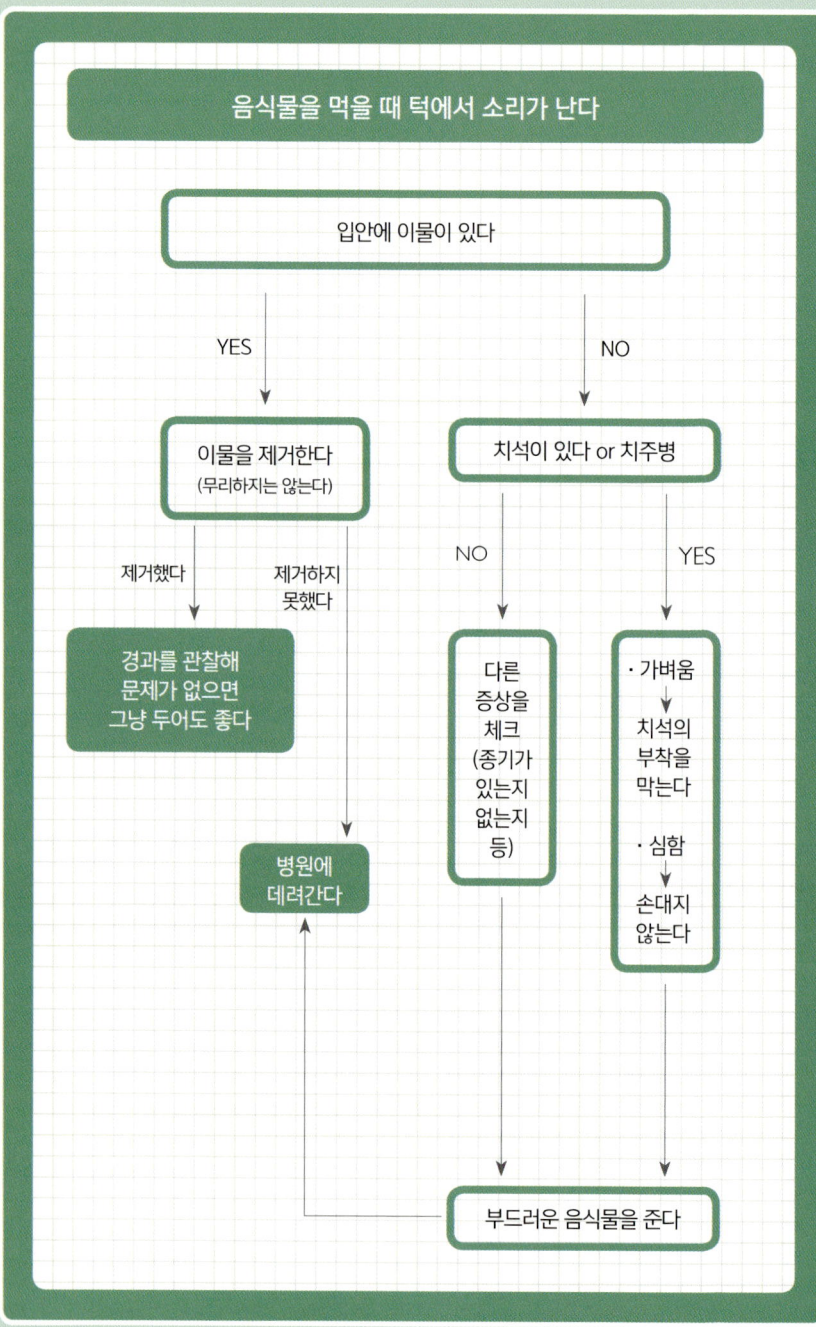

열셋. 귀의 선단부가 딱지처럼 딱딱하다

◆ 주된 증상과 원인

귀의 선단부가 딱지처럼 딱딱하게 되는 원인은(가정에서의 응급처치가 있음) 가벼운 증상에서부터 암과 같은 중증의 증상에 이르기까지 다양한 케이스를 생각할 수 있으며, 이런 증상이 진행됨으로써 심하면 귀의 선단부가 괴사해 탈락하는 경우도 있습니다. 다음에 각각의 원인을 살펴보겠습니다.

01 피부병

음식물 또는 환경의 알레르기에서 피부염이 발생해 귀의 선단부가 탈모하거나 빨갛게 되거나 딱지가 생기기도 합니다. 이때는 귀뿐만 아니라 다른 부위에도 피부염 증상이 나타날 수 있습니다. 음식물의 알레르기가 원인이라면 눈 주위 또는 입 주위 등 점막의 주위에 증상이 나타나는 경우가 많습니다. 환경 알레르겐에서 오는 경우는 넓적다리나 겨드랑이 같은 주름이 잡히는 곳에 많이 발생합니다.

02 옴진드기

강한 가려움증을 동반합니다. 귀를 탈탈 턴다든가 목을 흔든다든가 하며 불안정한 행동을 합니다.

03 편평상피암

몸의 표면을 덮고 있는 상피의 일종인 편평상피가 암으로 변한 것입니다. 자각증상이 없는 경우도 있으며, 서서히 악화하여 선단부가 탈락하기도 합니다.

04 혈관염, 한랭응집소증

혈류가 나빠져 귀의 선단부까지 혈액이 도달하지 않아서 귀의 선단부에 딱지가 생기고, 이것이 진행하면 귀의 선단부가 떨어져 나가는 질병입니다. 추울 때에 증상이 악화합니다. 이탈리안 그레이하운드와 미니츄어 핀셔 등의 견종은 추위에 약해 이런 질병에 걸리기 쉽습니다. 귀의 선단부뿐만 아니라 코끝에 탈모가 나타나기도 합니다. 동시에 발끝과 같은 말단 부분이 얼어 있는 경우가 많습니다.

◆ 응급처치

01 환부를 청결하게 하고 엘리자베스칼라를 착용시킨다(모두)

먼저 청결하게 하는 것이 중요합니다. 솜과 같은 부드러운 것으로 조심해서 닦아 줍니다. 또한, 어떠한 원인이든 공통적으로 말할 수 있는 것은 반려견 스스로 의식해서 환부를 긁으면 증상이 악화한다는 사실입니다. 반려견이 환부를 의식하는 경우에는 엘리자베스칼라를 착용시킵니다(04는 가려움증이 없음).

02 피부병인 경우는 청결하게 해준다(01)

피부병인 경우는 정기적으로 샴푸를 해주면 호전될 수 있습니다.

03 옴진드기는 사람에게도 옮기 때문에 주의한다(02)

옴진드기는 심한 가려움증을 동반하므로 반려견이 항상 귀를 의식합니다(때문에 앞에 말한 엘리자베스칼라를 착용합니다). 사람에게도 옮을 가능성이 있으므로 주의해야 합니다.

04 추위로 오는 혈행장애는 마사지가 필요하며, 추울 때 산책은 이어머프(귀마개)를 착용시켜 준다(04)

추위로 오는 혈행장애가 원인인 경우는 마사지가 효과적입니다. 또한, 추울 때 산책을 하려면 이어머프를 착용시켜 반려견이 춥지 않게 해주기 바랍니다.

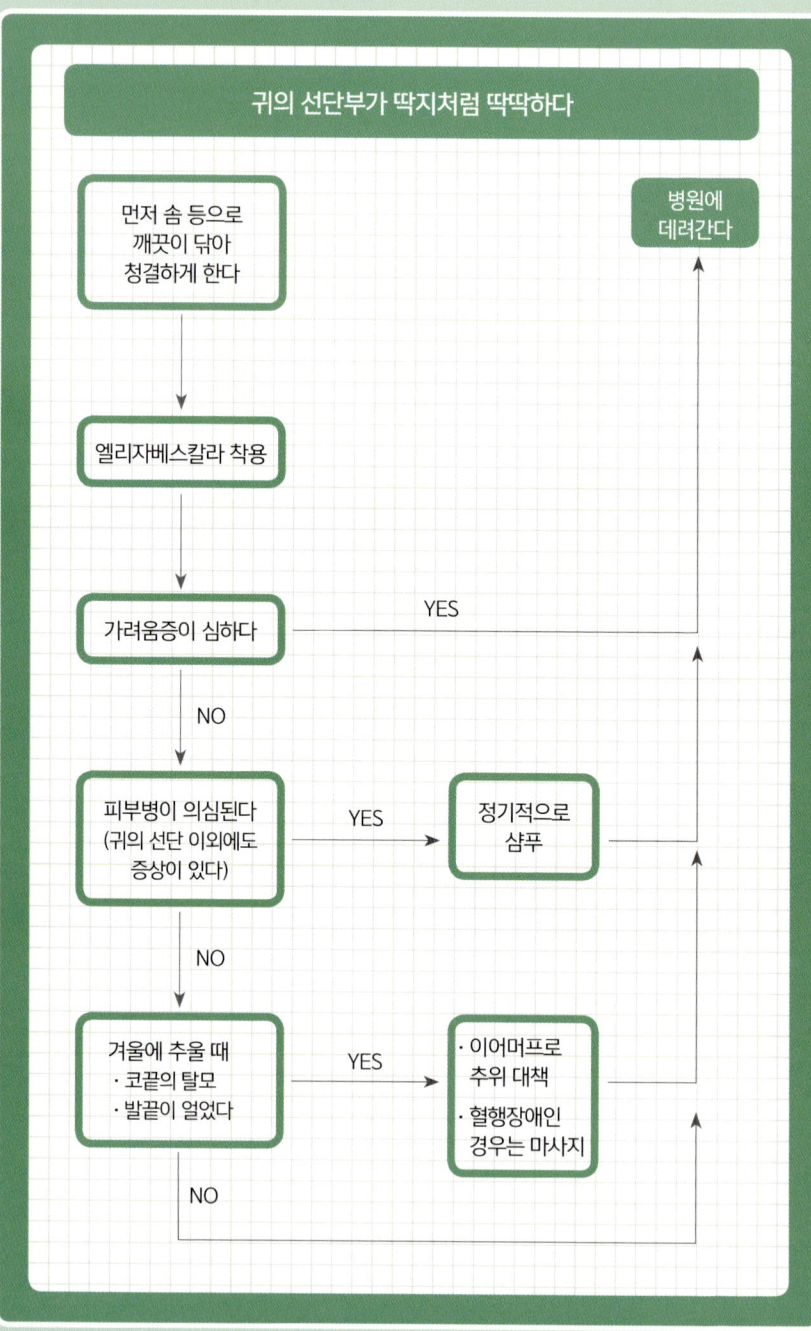

열넷. 귀에 손을 대면 싫어한다, 머리를 자주 흔든다

◆ 주된 증상과 원인

원래 귀에 손을 대는 것을 싫어하는 반려견도 있지만, 평상보다 유난히 싫어하는 경우에는 귓속에 어떤 이상이 있을 가능성이 높습니다. 귓속이 가렵거나 아프거나 위화감이 있을 때에 이와 같은 증상을 보입니다. 또한, 이상이 있는 귀 쪽으로 머리를 기울이는 경우도 있습니다. 그 원인을 살펴보겠습니다.

01 외이염

귓속 고막까지의 사이에 어떤 원인으로 염증이 생긴 경우 입니다(78페이지 참조).

02 중이염

외이염이 진행하면 염증이나 감염이 중이까지 퍼져 중이염을 일으킵니다. 보통 세균성 외이염이 퍼져서 일어나는 경우가 많으므로 아메리칸 코커 스패니얼 등 귀가 처진 견종이 걸리기 쉽습니다. 이 경우는 가려움증보다 통증이 더 강하게 나타나게 됩니다. 중이 안의 안면신경에까지 퍼지면 안면신경마비가 일어나 얼굴 표정이 이상해지기도 합니다.

03 이혈종(耳血腫)

어떤 원인으로 귀에 가려움증이 생겨 귀를 긁거나 머리를 흔들어서 귀에 분비물이나 혈액이 차게 되면 귀가 붓는 병입니다. 열을 지니며 통증과 가려움증을 동반하여 다시 머리를 흔들게 됨으로써 증상이 악화하는 경우가 있습니다.

04 외상

귀의 선단 등에 상처가 생겨 감염을 일으키게 됩니다.

05 이물 또는 종기 등

귓속에 종기가 생기거나 이물이 있으면 그것을 의식해 머리를 흔드는 경우가 있습니다.

06 스트레스성 커밍시그널

질병이 아닌 스트레스의 신호로서 머리를 흔드는 경우도 있습니다.

◆ 응급처치

01 귀가 오염된 경우는 청결하게 해준다(01, 02, 04)

귀가 오염되었으면 눈으로 볼 수 있는 범위를 솜 등 부드러운 것으로 닦아 줍니다. 그리고 귀 세정에는 반려견용 세정액을 사용하기 바랍니다.

02 **엘리자베스칼라를 착용시킨다**(01, 02, 03, 04, 05)

귀를 긁으면 증상이 악화하므로 귀를 긁지 않도록 엘리자베스칼라를 착용시켜 줍니다.

03 **반려견이 귀에 손대는 것을 싫어하면 아무것도 하지 않는다**(모두)

귀에 손을 대는 것을 싫어하는 이유는 통증을 동반하기 때문입니다. 무리하게 응급처치를 해주려고 하다가는 트라우마가 생겨서 귀에 손이 닿는 것을 아주 싫어하게 됩니다. 앞으로 병원이나 가정에서 귀에 대한 케어를 하기가 어렵게 되고 반려견에게도 스트레스가 되므로 너무 싫어하는 경우에는 아무 처치도 하지 말고 병원에 데려가기 바랍니다. 약으로 통증을 가볍게 한 다음 가정에서 케어를 하는 것이 좋습니다.

04 **귀가 부었으면 즉시 병원에 데려간다**(03)

귀가 부었다면 무리하게 손을 대지 말고 병원에 데려가도록 합니다.

05 **외상이 있는 경우는 압박지혈한다**(04)

외상이 원인으로 출혈하고 있는 경우에는 솜 등 부드러운 것으로 압박지혈해 주세요. 지혈이 되어도 그 후에 곪는 경우도 있으므로 내복약이나 외용약이 필요할 수 있습니다. 응급처치를 한 다음에는 병원에 데려가기 바랍니다.

06 이물이 있으면 제거한다(05)

귓속에 어떤 이물이 들어간 것을 알면 바로 제거하세요. 그러나 조심해서 잘 처리하지 않으면 귓속 깊은 곳에 들어가서 중증화하는 경우가 있으므로 주의가 필요합니다. 그리고 귓속에 종기가 생겼다면 서둘러 병원에 데려가야 합니다.

07 다른 이상이 발견되지 않으면 환경을 바꾼다(06)

눈으로 봤을 때 이상이 없는 경우에는 스트레스의 신호일 가능성도 있습니다. 현재의 환경을 바꾸어 줌으로써 상태가 호전될 수도 있습니다.

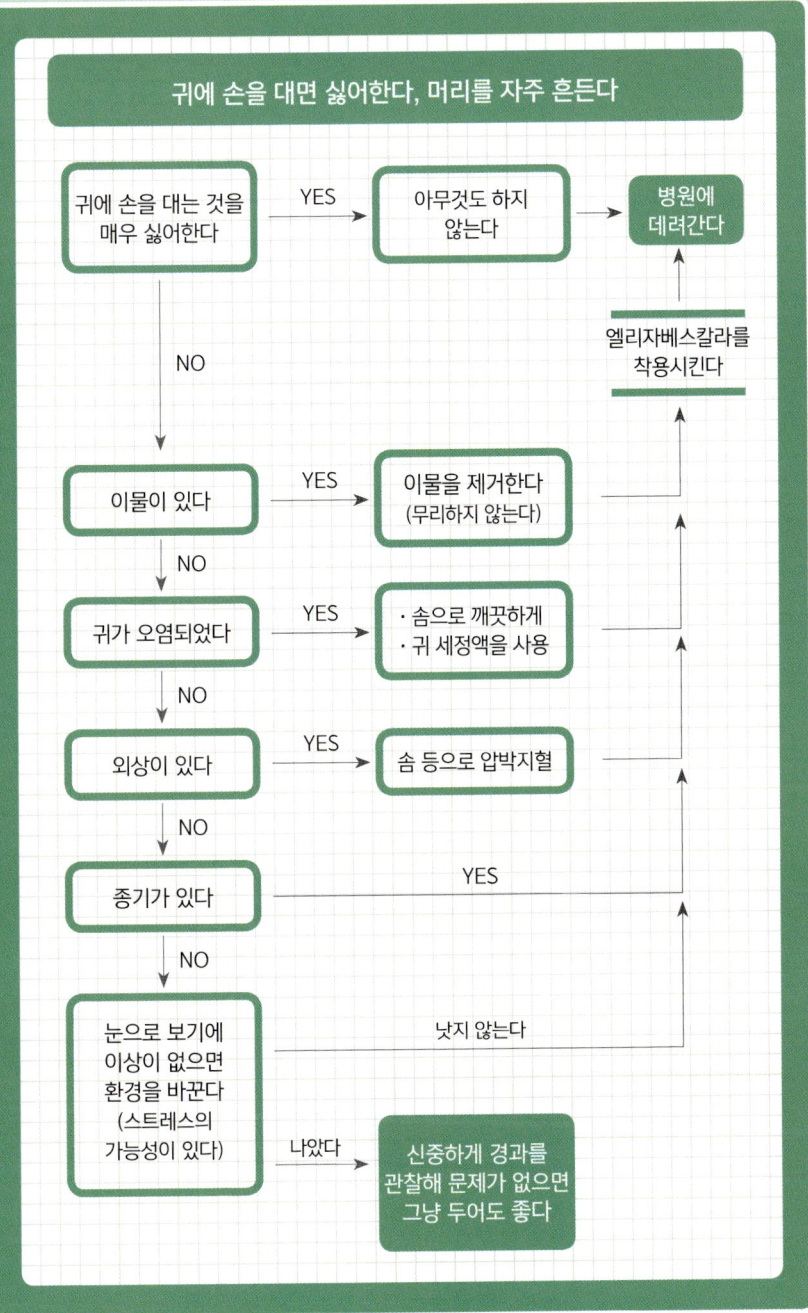

열다섯. 귀를 가려워한다, 귀에서 냄새가 난다

◆ 주된 증상과 원인

귀가 가려울 때는 손이나 발로 귀를 긁고 머리를 흔드는 등의 증상이 나타납니다. 또한, 귓속을 들여다보면 귀지가 끼었거나 귀가 빨개져 꺼칠꺼칠하거나 심지어는 귀를 긁어 상처가 생긴 경우도 있습니다. 이 같은 증상이 나타나는 원인은 다음과 같은 것이 있습니다.

01 세균성 외이염

황색의 고름 같은 귀지나 귀고름이 생기는 경우가 많습니다. 세균감염이 강하면 염증을 일으키므로 귀가 빨개질 수 있습니다.

02 진균성 외이염

말라세치아라 불리는 진균이 증가함으로써 발생합니다. 검은색 또는 갈색의 귀지가 생기는 경우가 많습니다. 외이염 중에서는 비교적 흔히 볼 수 있습니다.

03 세균성 및 진균성 외이염

세균과 진균이 귓속에서 증가하게 되어 발생합니다. 둘 중 어떤 것이 더 많이 번식해 있는지에 따라 귀지의 성질과 상태가 달라집니다.

04 진드기의 감염

검고 건조한 귀지가 대량으로 발견됩니다. 심한 가려움증을 동반하므로 귀에 긁힌 상처가 생기기도 합니다.

05 알레르기

귀지는 거의 찾아볼 수 없고 귀가 빨개진 경우가 많습니다. 음식물 또는 환경 알레르겐이 원인으로 발생합니다. 가려움증을 동반하며, 이 경우는 귀뿐만 아니라 피부에도 가려움증이나 발적이 일어나기도 합니다. 게다가 알레르기에 의해 귀의 장벽 기능이 떨어지면 알레르기와 병발하여 세균성 외이염이나 진균성 외이염이 발생할 수도 있습니다. 이 경우에는 앞에서 설명한 귀지가 생깁니다.

06 종기

귓속에 종기가 생기면 그것을 의식해 가려움증이 나타납니다.

주의

앞에서 말한 세균성 외이염, 진균성 외이염 등은 귓속이 습해질 수 있으므로 아메리칸 코커 스패니얼, 잉글리시 코커 스패니얼 등 귀가 처진 반려견은 주의할 필요가 있습니다.

응급처치

01 엘리자베스칼라를 착용시킨다(모두)
가려움증이 생겨서 귀를 긁으면 우선 긁지 않도록 엘리자베스칼라를 착용시키세요.

02 솜으로 눈에 보이는 부위를 닦는다(01, 02, 03, 05)
귀를 청결하게 하는 것이 중요합니다. 솜과 같은 부드러운 것으로 눈에 보이는 부위를 닦아 주세요. 이때 수돗물을 사용하면 귓속이 더 습해져서 역효과가 나타나므로 수돗물은 사용하지 말아야 합니다. 또한, 면봉을 사용하는 것도 위험합니다. 오물을 안쪽으로 밀어 넣거나 귓속에 상처를 낼 수 있으므로 면봉은 사용하지 않는 것이 좋습니다.

03 반려견용 귀 세정액을 사용한다(01, 02, 03, 05)
반려견용의 귀 세정액이 있으면 귓속에 주입하여 세정해 주세요.

04 진드기의 감염은 즉시 병원에 데려간다(04)
진드기에 감염되었으면 가능한 빨리 병원에 데려가기 바랍니다. 치료에는 귀의 세정, 점이약이나 내복약 등이 필요합니다.

05 종기는 즉시 병원에 데려간다(06)

종기가 생긴 경우는 외과적 절제가 필요할 수 있습니다. 반려견에게 종기가 발견되면 빨리 병원에 데려가기 바랍니다.

06 음식물 또는 환경을 바꾼다(05)

알레르기인 경우 음식물이나 주위의 환경(식물, 천 등)에 의해 증상이 나타나므로 이것을 바꿔주면 호전되는 경우도 있습니다.

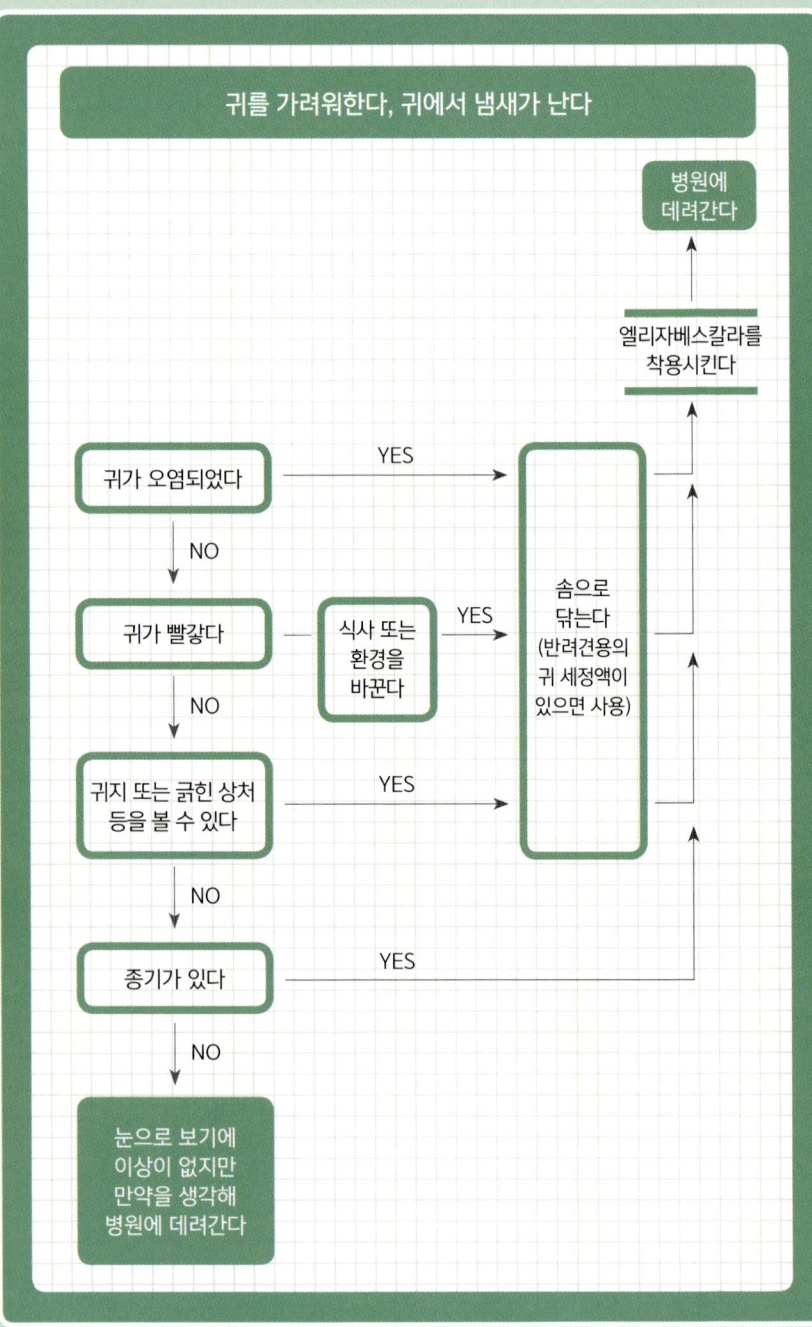

열여섯. 얼굴을 발로 긁는다

◆ 주된 증상과 원인

얼굴을 앞발이나 뒷발로 긁고 있다면 통증, 가려움증, 위화감 등으로 인해 입, 코, 눈, 귀, 피부 등을 의식하고 있는 것일 가능성이 있습니다. 각각의 경우를 살펴보겠습니다.

01 입을 긁고 있다

가장 많은 원인은 고령의 반려견에게 자주 발생하는 치주병을 들 수 있습니다. 치주병에 걸리면 이빨 주위의 잇몸이 염증을 일으켜 통증을 동반합니다. 심한 경우에는 뼈를 녹이는 경우도 있습니다. 그 밖에 이물이 이빨에 끼거나 뜨거운 것을 먹어서 구내염이 발생할 수도 있습니다. 또한, 입의 주위에는 알레르기로 인해 증상이 일어날 수 있습니다.

02 코를 긁고 있다

코만을 의식해 긁고 있는 경우는 비교적 적습니다. 드물게는 비강 내에 풀 등의 이물이 들어가서 코를 계속 자극하는 경우도 있습니다. 또한, 반려견이 고령인 경우에는 콧속에 종양이 발생해 있을 수도 있습니다.

03 눈을 긁고 있다

눈을 긁고 있다면 여러 가지 원인을 생각할 수 있습니다. 가장 흔한 것이 결막염입니다. 결막염의 원인은 눈에 대한 외적 자극 또는 알레르기 체질 등 여러 가지가 있으며, 증상은 동공(검은자위) 둘레에 있는 결막(흰자위)의 충혈이 나타납니다. 눈을 가늘게 뜨고 껌벅거리기도 합니다. 그 밖에도 이물의 유입, 각막의 상처, 포도막염, 녹내장 등으로 눈에 통증을 느낄 때는 눈을 자주 긁는 행동을 보입니다.

04 얼굴 주위의 피부를 긁고 있다

피부병이 얼굴에 발증하는 경우도 많습니다. 피부병의 원인으로는 세균, 진균, 기생충, 알레르기 등을 들 수 있습니다. 어느 것이든 환부의 가려움증과 탈모, 그리고 발적이 나타납니다. 고령의 반려견의 경우에는 종양의 영향으로 2차적인 세균감염을 일으킬 수도 있으므로 주의가 필요합니다.

05 귀를 긁고 있다

외이염이 생긴 경우가 가장 많습니다. 외이염도 피부병과 마찬가지로 세균, 진균, 기생충, 알레르기 등이 원인입니다. 아무리 귀 청소를 해주어도 귀지가 많이 나오거나 눈으로 보기에 빨갛게 발적이 되어 있을 때는 보통의 귀 청소만으로는 낫지 않으므로 점이약이 필요합니다.

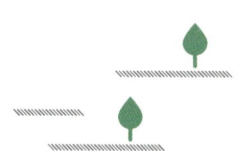

◆ 응급처치

01 엘리자베스칼라를 착용시킨다(모두)
엘리자베스칼라를 착용시켜 얼굴을 긁지 못하게 하세요. 2차적인 상처를 예방할 수 있습니다.

02 자세히 관찰한다(모두)
어느 부분을 긁고 있는지 잘 살펴보세요.

03 입안에 이물이 있으면 제거한다(01)
입안을 잘 관찰하세요. 치석의 부착과 함께 잇몸이 빨갛게 부은 경우에는 치석의 제거 또는 발치가 필요할 때도 있습니다. 일단 부착된 치석을 칫솔 등으로 제거한다는 것은 매우 어렵습니다. 이물이 끼어 있는 것을 발견할 수도 있습니다. 이물을 간단하게 제거할 수 있다면 시도해 보는 것도 괜찮지만, 물리지 않도록 조심하기 바랍니다.

04 음식물을 바꾼다(01)
입 주위를 긁는 경우는 음식물의 알레르기도 가능성이 있으므로 음식물을 바꾸어 봅니다.

05 코가 원인인 경우는 병원에 데려간다(02)
밖에서 보는 것만으로 콧속을 판단하는 것은 매우 곤란합니다. 그러나 콧속에 큰 종양이 있는 경우에는 코의 모양이 좌우가 다를 수 있습니다. 어떤 경우든지 병원에 데려가서 진료를 받아야 합니다.

06 눈에 이물이 있으면 씻어 내린다(03)

눈에 이물이 유입되어 있지 않은지 관찰하기 바랍니다. 눈꺼풀을 약간 젖히면 결막 부분이 확인됩니다. 이물이 발견되는 경우 눈에 물을 몇 방울 떨어뜨려 씻어 내리면 제거되는 경우도 있습니다. 그러나 무리하게 비비거나 잡아당기다가 눈에 상처를 낼 수도 있으므로 조심해야 합니다. 이물이 제거되지 않거나 찾을 수 없을 때는 진료받기를 권합니다.

07 발적, 탈모, 딱지 등이 발견되면 우선 샴푸 등으로 케어를 해준다(04)

자주 긁고 있는 부분을 자세히 관찰하기 바랍니다. 빨갛게 되어 있거나 탈모, 딱지 등이 발견될 수 있습니다. 부분적으로나마 샴푸를 해주기 바랍니다.

08 귀 세정액으로 씻는다(05)

귀에서 다량의 귀지 또는 심한 냄새가 나는 등의 증상이 나타날 수 있습니다. 반려견용 귀 세정액으로 귀를 씻어 주세요. 그러나 가려움증이나 발적이 심한 경우에는 약이 필요하므로 진료를 받는 것이 좋습니다.

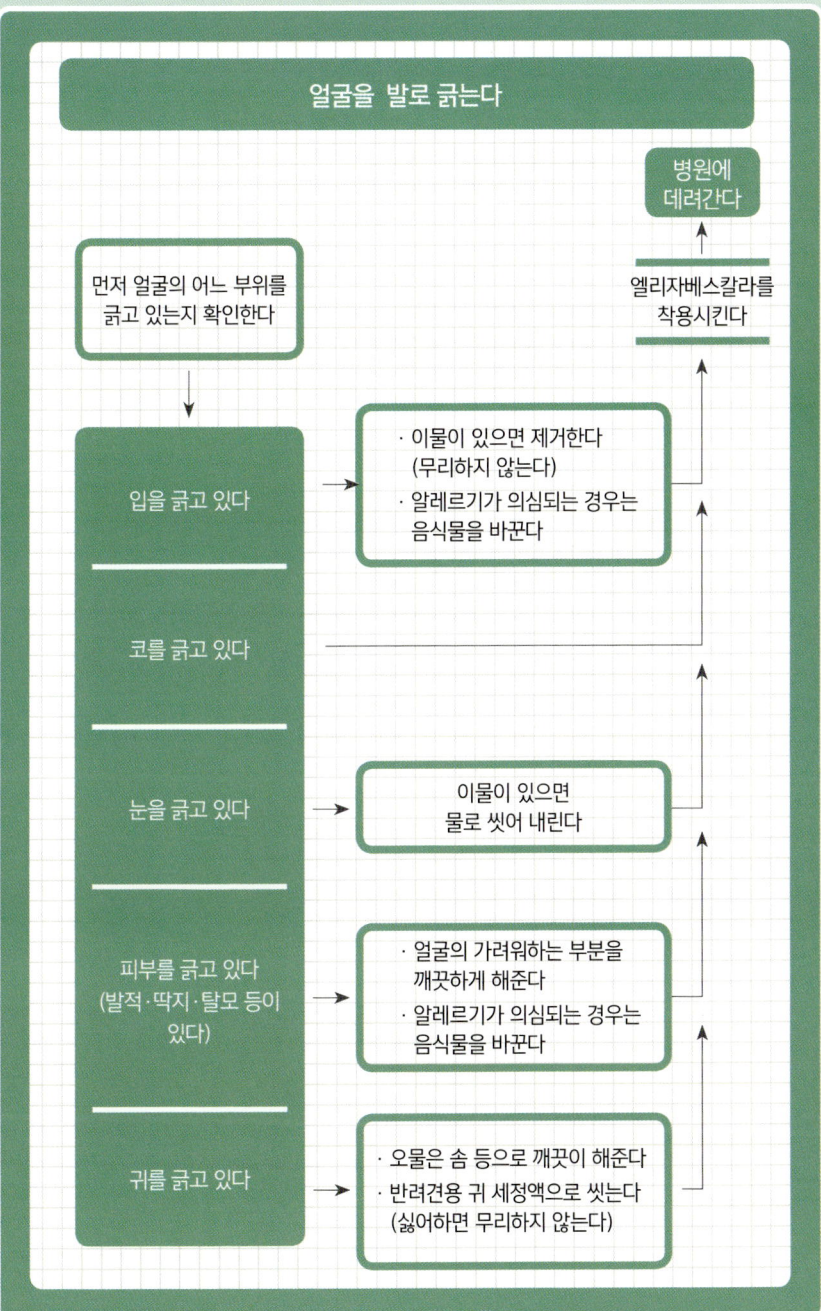

열일곱. 표정이 좌우가 달라 보인다

◆ 주된 증상과 원인

반려견은 기분에 따라 표정이 자주 변합니다. 그러나 표정이 변할 때는 좌우대칭으로 변하며, 비대칭일 경우에는 어떤 원인이 숨겨져 있을 가능성이 있습니다. 보통 반려견의 얼굴을 마주 대하는 일이 많기 때문에 비교적 쉽게 발견할 수 있으리라 생각하지만, 서서히 진행하는 경우에는 의외로 알아차리기 어려워서 발견이 늦어질 수도 있습니다. 이같은 증상의 원인으로서 눈이나 신경 계통의 질환, 종양, 구강 내 질환 등을 들 수 있습니다.

01 눈의 질환

한쪽 눈이 부으면 좌우의 표정이 다를 수 있습니다. 구체적으로는 녹내장을 들 수 있습니다. 녹내장은 눈속에 있는 안방수가 지나치게 많아져서 눈이 붓는 병입니다. 그 밖에 눈이 가물거리는 경우에도 표정이 다를 가능성이 있으며, 결막염 또는 각막염, 포도막염 등 눈의 염증이 원인이 되는 경우도 있습니다.

02 신경 질환

좌우의 표정이 다른 대표적인 신경 질환으로 호너 증후군이라는 병이 있습니다. 증상은 동공이 작아지고 눈꺼풀이 쳐지며 순막이 튀어나오는 것 등입니다. 눈과 뇌, 그리고 이 둘을 연결하는 척수의 어느 부위에 병변이 발생하여 호너증후군이 일어납니다. 구체적으로는 추간판 헤르니아(디스크), 외상, 종양 등을 들 수 있습니다. 또한, 그 신경 계통의 경로 가까이에는 귀가 있기 때문에 중이염, 내이염 등이 원인이 되기도 합니다.

03 종양

비강 안이나 눈, 입 등의 안면 어딘가에 종양이 발생해 커진 경우에는 좌우의 표정이 다를 가능성이 있습니다. 또한, 종양의 종류에 따라 진행 속도나 악성도가 다릅니다. 발생하는 부위에 따라 증상이 다른데, 콧속이라면 콧물 또는 코피, 재채기 등이 생길 수 있습니다. 입안에 발생한 경우에는 음식물을 먹기가 어렵습니다.

04 구강 내 질환에 의한 안면의 종창

반려견에게는 치주병이 매우 많은 것으로 알려져 있습니다. 특히 위턱 어금니의 치주병이 심해지면 입에 연결되는 뼈를 녹여 버릴 수 있습니다. 뼈가 녹으면 고름이 차서 눈 아래쪽 피부에서 고름이 배설됩니다. 이런 상태를 구비루관(口鼻淚管)이라 하며 세균감염과 염증으로 안면에 종창이 발생하기도 합니다.

◆ 응급처치

01 엘리자베스칼라를 착용시킨다(모두)

눈에 원인이 있는 경우(01)에는 대부분 통증을 동반하기 때문에 가능한 빨리 병원에 데려가기 바랍니다. 즉시 진료를 받을 수 없을 때는 통증 때문에 눈을 긁어서 다시 증상이 악화하는 일이 없도록 엘리자베스칼라를 착용시키는 것이 좋습니다. 그 밖의 증상(02~04)에 대해서도 반려견이 긁는 경우에는 엘리자베스칼라를 착용시키도록 합니다.

02 귀를 관찰해 염증의 유무나 귀지를 살펴본다(02)

신경계통의 이상 유무를 가정에서 판단하는 것은 매우 어렵습니다. 우선 귀를 관찰해 염증의 유무나 귀지의 정도를 살펴보는 것이 좋습니다. 그것이 원인의 하나일 수도 있습니다. 또한, 추간판 헤르니아(디스크)가 관계되는 경우에는 통증 때문에 움직이기 싫어한다든가 중증화하면 사지에 마비가 올 가능성이 있습니다. 병원에 데려가서 진료를 받을 때는 동시에 발생하고 있는 증상을 수의사에게 자세히 이야기하는 것이 좋습니다.

03 종양이 의심되면 즉시 병원에 데려간다(03)

종양이 원인일 경우에는 가정에서의 응급처치는 어렵다고 보아야 합니다. 악성이라면 진행이 빨라서 원기의 저하나 식욕 저하로 인해 상태가 더욱 안 좋아질 수 있습니다. 빨리 병원에 데려가서 진료받기를 권합니다.

04 치석 예방을 위해 적어도 2~3일에 한 번은 칫솔질을 한다(04)

입을 잘 관찰해 치석이 심하게 부착되어 있다든가 이빨이 흔들린다든가 잇몸이 부었다든가 하는 등의 증상이 발견된다면 그것이 원인의 한 가지일 가능성이 있습니다. 또한, 눈 밑의 피부에서 고름이 나오는 경우도 있습니다. 먼저 치석의 부착을 최대한 억제하기 위해 적어도 2~3일에 한 번 정도 칫솔질을 할 것을 권합니다(칫솔질은 매일, 매 끼니에 해주는 것이 좋음). 그러나 이미 부착한 치석을 칫솔질로 제거하는 것은 어렵습니다. 그대로 두면 서서히 증상이 악화하므로 빨리 진료를 받기 바랍니다.

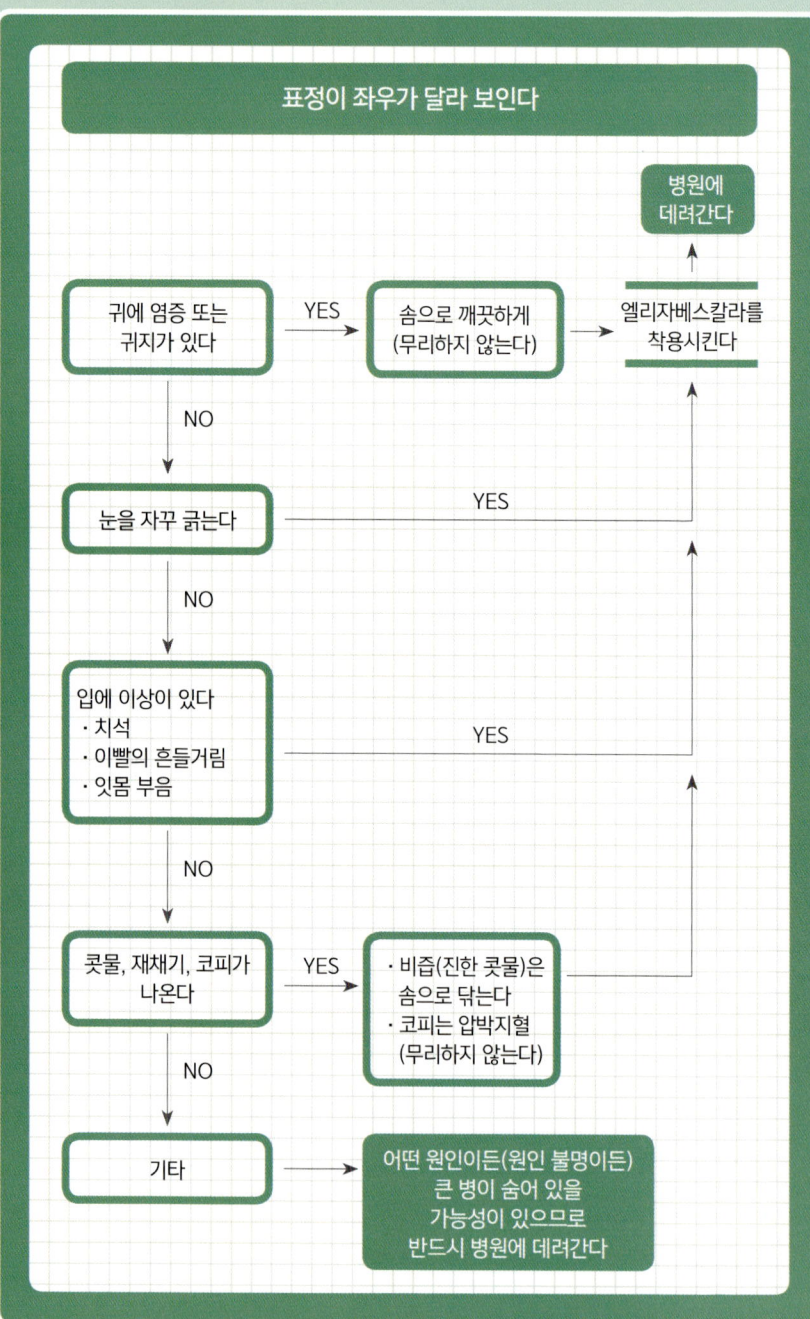

제1장 얼굴

열여덟. 얼굴이 한쪽 방향으로 틀어졌다

◆ 주된 증상과 원인

이 증상은 비교적 쉽게 눈에 띄므로 반려인이 곧 알아차릴 수 있습니다. 얼굴이 한쪽 방향으로 틀어져 있는 동시에 비틀거림, 식욕 부진, 구토 등의 증상이 나타날 수 있습니다. 치료하지 않고도 좋아지는 경우도 있으나, 상태를 그냥 두고 지켜봐도 괜찮은지는 원인에 따라 달라집니다. 각각의 원인을 살펴보겠습니다.

01 심한 외이염, 중이염, 내이염

세균 또는 말라세치아 등의 감염으로 귀에 심한 염증이 일어나면 귀의 안쪽에 있는 *1 전정에 영향을 미치는 경우가 있습니다. 치료를 잘하면 서서히 좋아지지만, 만성화되면 증상이 재발할 가능성이 있습니다.

02 특발성 전정장애

특발성 전정장애는 고령의 반려견에게 발생하며, 각종 검사를 해봐도 원인을 알 수 없는 경우를 특발성이라고 합니다. 일반적으로는 특별한 치료를 하지 않아도 몇 주 사이에 서서히 좋아집니다.

*1 전정 : 평형감각을 담당하는 곳

03 갑상선기능저하증

고령의 반려견에게 발생하기 쉬운 것으로 알려져 있으며, *₁피모가 얇아지고 활력의 저하, 피부병 등의 증상이 나타나는 것이 일반적입니다. 얼굴의 틀어짐, 선회, 운동실조증 등의 신경 증상을 일으키는 경우도 있습니다.

04 두개(頭蓋) 내의 이상

평형감각을 관장하는 부위에 발생한 종양으로 인해 얼굴이 틀어질 가능성이 있습니다. 일반적으로는 진행성이며 치료가 곤란한 경우가 많습니다. 또한, 세균, 진균, 기생충, 바이러스 등으로 인해 뇌염을 일으키는 경우가 있습니다. 얼굴이 틀어지는 증상 이외에도 비틀거리거나 발작 등의 신경 증상이 일어나기도 합니다.

◆ 응급처치

01 케이지 안에서 지내게 하거나 모서리를 보호한다 (모두)

얼굴이 틀어져 평형감각을 상실하면 벽이나 모서리 등에 부딪힐 수 있으므로 케이지 안에서 생활하게 하거나 모서리를 부딪혀도 괜찮은 부드러운 것으로 보호해주기 바랍니다.

02 무리한 음식물이나 음료수는 피한다(모두)

구토를 유발할 수 있으므로 무리하게 음식물을 주거나 음료수를 주는 것은 피하도록 합니다. *₂오연의 원인이 될 수 있습니다.

---

*₁피모 : 몸을 덮고 있는 털
*₂오연 : 침이나 음식물, 위액 따위가 기관에 잘못 들어가는 것

03 귀 청소를 한다 (01)

귀가 빨갛게 되거나 가려움증을 동반하거나 귀에서 심한 냄새가 날 때는 외이염 또는 중이염, 내이염 등의 가능성이 있으므로 병원에 데려갈 것을 권합니다. 즉시 병원에 갈 수 없는 경우에는 가정에서 귀 청소를 해 주는 것도 좋습니다. 시중에서 판매하는 이어 클리너를 상비해 두면 유용합니다. 귀 청소를 할 때는 면봉을 지나치게 많이 사용하게 되면 이도 내의 피부에 상처를 냄으로써 염증을 악화시킬 수도 있으므로 주의해야 합니다.

04 체력이 떨어지지 않도록 건강에 유의한다 (02)

특발성 전정장애인 경우 평형감각에 이상이 생겨 반려견이 음식물을 잘 먹을 수 없고 물도 잘 마시지 못하므로 체력이 떨어지지 않도록 건강 유지에 특별히 신경을 써야 합니다.

05 활력 저하 등의 증상은 수의사에게 알려야 한다 (03)

갑상선기능저하증인 경우 진단을 위해서 갑상선 호르몬을 측정할 필요가 있으므로 우선 병원에 데려가야 합니다. 이때 피모의 변화 또는 활력 저하 등의 증상이 있으면 이 사실도 수의사에게 알리는 것이 좋습니다.

06 응급처치가 어려운 경우에는 병원에 데려간다 (04)

어떤 병이든지 당연히 병원에 데려가야 하지만 그 중에서도 04 의 경우는 가정에서 응급처치를 하는 것은 어려우므로 빨리 병원에 데려가야 합니다. 내과 치료 반응이 좋지 않으면 전신마취를 해서 MRI 촬영을 할 필요가 있습니다.

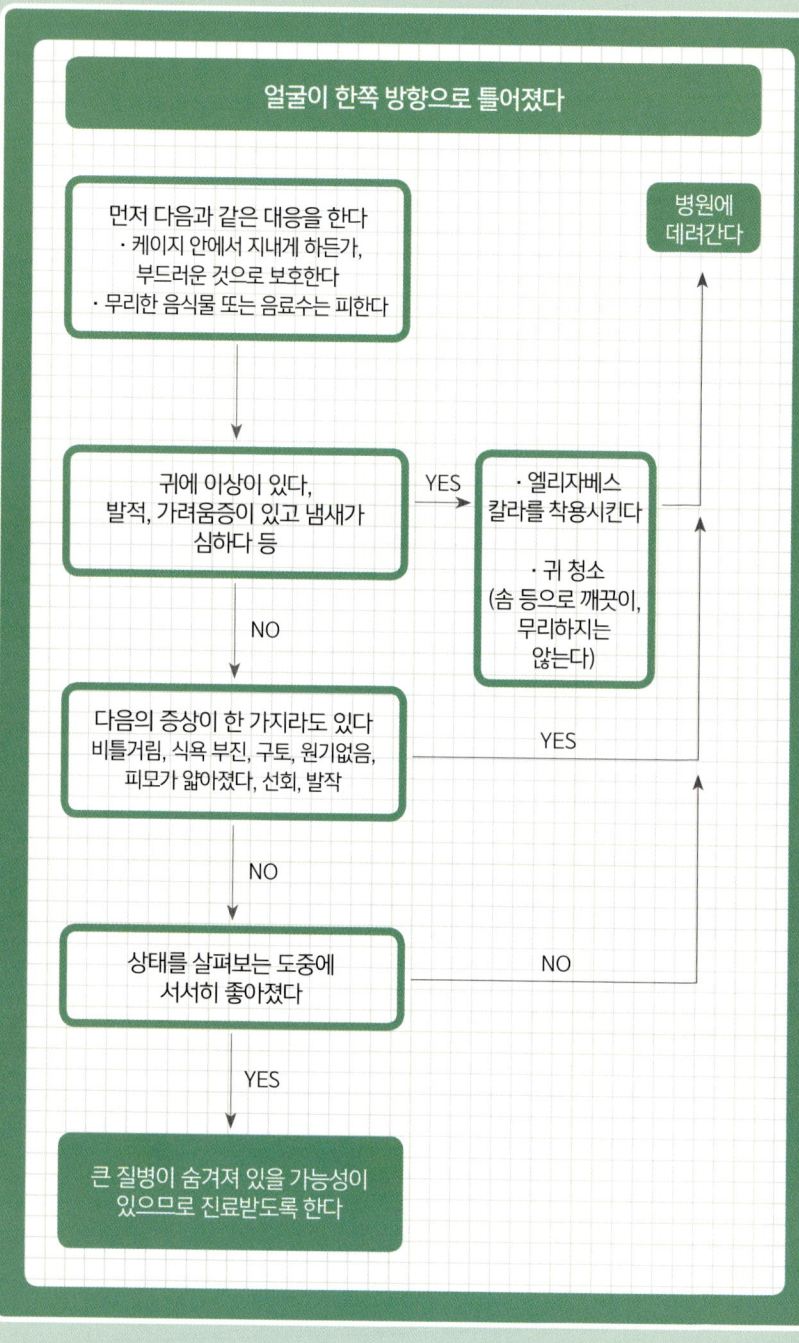

응급용 엘리자베스칼라를 간단하게 만드는 방법

반려견이 아플 때 흔히 쓰이는 의료기구 중에 엘리자베스칼라라는 것이 있습니다. 반려견이 상처 입구를 핥거나 상처를 할퀴지 않도록 얼굴을 감싸 주는 도구로, 반려견에게 갑자기 증상이 나타날 때를 대비하여 가정에서 엘리자베스칼라를 만드는 방법을 소개합니다. 엘리자베스

재료 : 클리어파일(A4 사이즈) 1매, 접착테이프

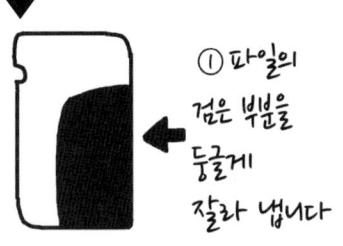

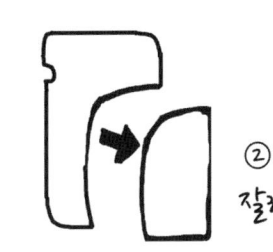

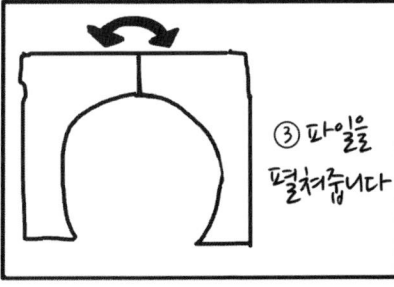

칼라를 만드는 재료는 쉽게 구할 수 있고, 만드는 방법도 간단합니다. 그러면 소형견과 중·대형견으로 나누어 각각 간단하게 엘리자베스칼라를 만드는 방법을 설명하겠습니다. 손으로 만들기 때문에 내구성이 약하지만, 기성제품을 구입할 때까지 응급처치용으로 사용할 수 있습니다.

재료 : 알루미늄 시트 1매, 미끄럼방지 매트 1매, 순간접착제 (또는 강력한 양면테이프), 접착테이프

중대형견용

① 미끄럼방지 매트와 알루미늄 시트를 각각 같은 크기의 부채꼴로 자릅니다

② 순간접착제 등으로 미끄럼방지 매트와 알루미늄 시트를 붙입니다

③ 반려견의 목에 감아 붙여 줍니다 (미끄럼방지 매트가 안쪽으로)

④ 접착테이프로 고정시켜 줍니다

완성!

소화기

열아홉. 이물을 삼켰다

◆ **주된 증상과 원인**

반려견이 어떤 이물을 삼켰느냐에 따라 응급처치가 다릅니다. 이물을 삼킨 직후에 원기가 있어 보인다고 해서, 가정에서 상태만 지켜보게 되면 치료 시기를 놓칠 가능성이 있습니다. 반려견이 이물을 삼켰을 경우 빠른 판단과 처치가 매우 중요합니다.

01 이물

초콜릿이나 파 종류가 가장 대표적인 것입니다. 초콜릿은 설사나 구토, 신경 증상 등을 일으킬 가능성이 있으며, 다크초콜릿과 같은 카카오 성분이 많이 함유된 것은 특히 주의가 필요합니다. 파 종류는 적혈구를 파괴하여 빈혈을 일으킬 수 있습니다. 뜨거운 것을 먹거나 끓인 국물을 마셔도 발증할 가능성이 있습니다. 또한, 최근에 포도를 섭취하여 급성신부전을 일으킨 사례가 보고되고 있습니다. 모든 반려견이 다 그렇다고는 할 수 없지만, 가급적 주지 않는 것이 좋습니다.

02 액체 상태의 이물

농약이나 살충제, 자동차의 부동액, 가솔린 등 강한 산성 또는 알칼리 성분의 갖가지 액체 이물은 반려견에게 독이 될 수 있습니다. 섭취한 종류와 양에 따라 증상이 다르나, 액체 상태이기 때문에 흡수가 빨라 중독되는 경우가 많으므로 주의가 필요합니다.

03 고체 상태의 이물

사람이 먹는 약, 산책 중의 작은 돌 또는 집안의 장난감이나 건조제 등 고체 상태의 이물도 문제가 됩니다. 큰 육포도 때로는 식도를 막히게 할 수 있습니다. 위 안에 있는 작은 이물이라면 약으로 구토를 촉진하는 처치를 해서 토하게 할 수 있으나, 큰 이물이 장을 막으면 장폐색을 일으키게 되어 처치가 늦어지는 경우 장이 괴사해 목숨을 잃게 될 수도 있습니다.

04 식물

시중에 판매되고 있는 관엽식물(포인세티아, 히아신스, 튤립, 시클라멘 등)에도 반려견에게는 독이 되는 것이 있습니다. 설사나 구토 등의 소화기 증상 또는 수포(물집) 같은 피부 증상도 중증이 되면 신경 증상으로 발전하여 심하면 사망하는 경우도 있으므로 반려견이 접촉하지 않도록 조심해야 합니다.

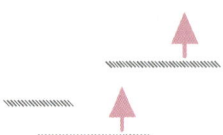

◆ 응급처치

이물을 삼킨 경우 먹었을 때부터의 시간 경과에 따라 응급처치 방법이 달라집니다. 구체적으로 설명하면 다음과 같습니다.

01 1시간 미만

1시간 미만이면 서둘러 병원에 데려가야 합니다. 이때 이물을 먹은 상세한 상황과 성분 등 반려인이 알고 있는 정확한 정보를 수의사에게 전달해야 합니다. 병원에 데려가기 전에 반드시 전화 연락을 하기 바랍니다.

02 1시간 이상 경과

이 시간대는 서서히 소화 흡수가 시작되어 위 속의 내용물을 토해내는 것이 불가능하므로 경과를 관찰하기 바랍니다. 다만, 개체에 따라 차이가 있으므로 삼킨 이물을 병원에 알리고 도움을 받도록 합니다.

03 6시간 이상 경과

이 시간대에 발견하게 되면 손을 쓸 수가 없습니다. 물론 토하거나 컨디션 불량을 호소하고 있다면 서둘러 병원에 데려가야 하며, 증상이 나타나지 않으면 음식물을 주지 말고 다음날 엑스레이 검사를 받도록 합니다.

04 농약이나 살충제를 먹었다면 즉시 토하게 한다 (02)

액체 상태의 이물은 토하는 것이 좋은 경우와 나쁜 경우가 있습니다. 농약이나 살충제를 먹었다면 즉시 토하도록 합니다. 반대로 강한 산성이나 알칼리, 염소 계통의 액체 등은 토하면 식도를 상하게 할 뿐만 아니라 만약 오연하는 경우에는 폐렴을 일으킬 가능성이 있으므로 먼저 수의사와 상담하기 바랍니다. 또한, 흔히 사람의 해독제로 사용되는 달걀흰자는 반려견에게 해가 되므로 주어서는 안 됩니다.

05 손쉽게 제거될 수 있는 고체형의 이물은 제거한다 (03)

먼저 입안을 잘 관찰하기 바랍니다. 삼킨 것처럼 보여도 아직 삼키지 않고 입안에 걸려 있는 경우가 있습니다. 만약 손쉽게 제거될 수 있을 것 같으면 조심스럽게 제거하는 것도 좋습니다(그러나 무리하게 제거하려고 하다가 입안에 상처를 낼 수도 있으므로 주의해야 합니다). 그리고 목구멍에 걸려 있는 것 같으면 물을 마시게 합니다.

✦ 주의

고체형의 이물은 형상과 크기에 따라 복용약을 사용해 토해내게 할 수 있지만, 너무 크거나 뾰족한 모양의 이물은 위험하므로 전신마취 상태에서 내시경에 의한 이물 제거 또는 위 절개, 장 절개 수술로 이물을 제거해야 합니다. 반려견이 이물을 삼켰다면 서둘러 진료받을 것을 권합니다.

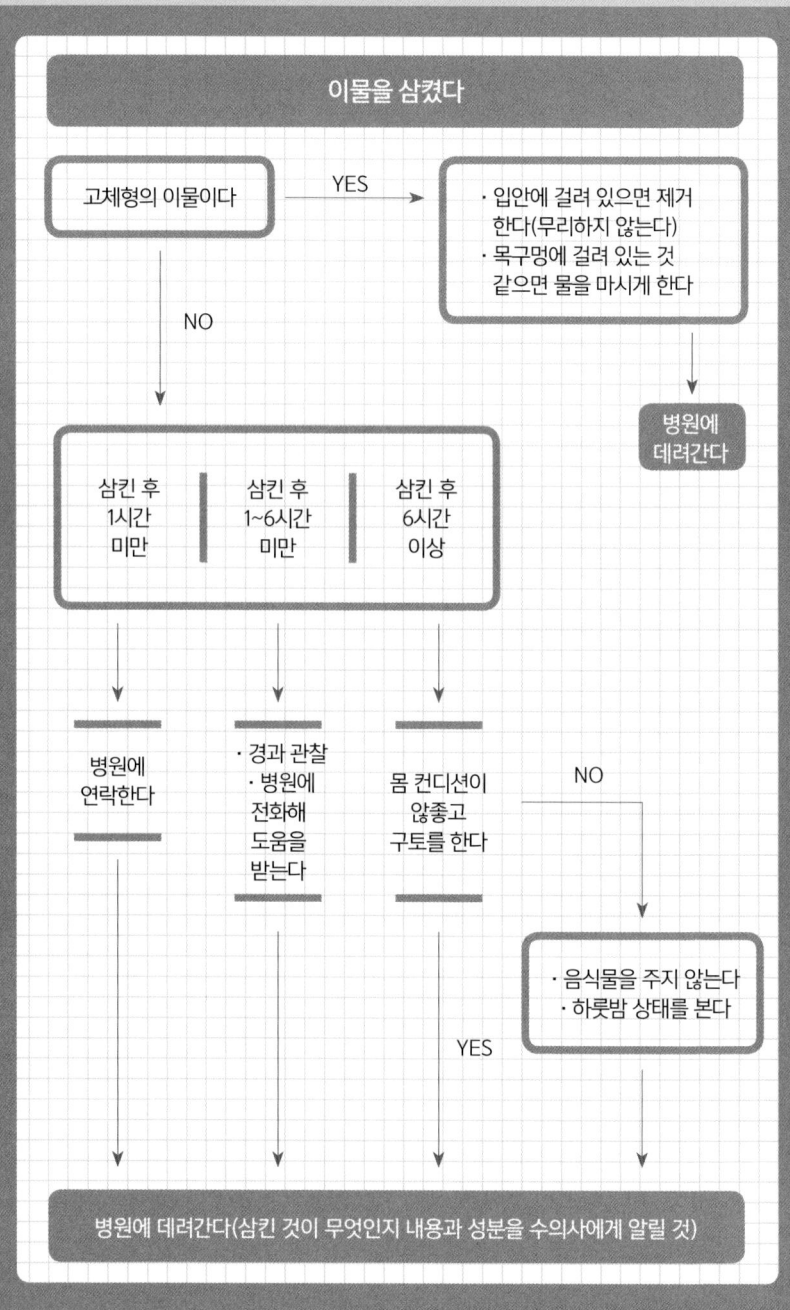

스물. 자주 토한다

◆ 주된 증상과 원인

토하는 행동에는 '구토'와 '토출'의 두 가지 상태가 있습니다.

먼저 구토는 위 또는 장의 내용물이 식도를 거쳐 입으로 토하는 상태를 말하는데, 통상 토하기 전에 *오심이나 토기(구역질) 등의 전조증상이 나타납니다. 음식물을 먹은 다음 얼마 동안 시간이 지난 뒤에 토해내게 되며, 구토물의 내용이 소화되었거나 또는 부분적으로 소화된 음식물이나 위액 등을 토하게 됩니다.

구토는 뇌에 있는 구토 중추가 자극을 받음으로써 일어납니다. 토기를 느끼고 안절부절 못 하며, 입가를 자주 핥고 침을 흘리는 등의 전조증상을 보입니다. 머리를 숙이고 복부를 크게 움직이면서 캑캑거리는 소리를 내다가 토하는 경우가 많습니다.

한편, 토출은 음식물이 위에 도달하기 전에 역류하여 토하는 상태를 말하는데, 구토와 달리 토하기 전에 오심이나 토기 등의 전조증상은 나타나지 않습니다. 음식물을 먹은 후 단시간 내에 토하는 경우가 대부분으로, 소화되지 않은 음식물이나 침 등의 구토물을 토해냅니다.

구토와 토출에 관해 각각 주된 증상과 원인을 살펴보겠습니다.

*오심 : 가슴 속이 불쾌하면서 토할 듯이 울렁거리는 현상

[구토]

01 소화기 질환(위염, 위장염, 췌장염, 이물, 종양, 음식물 알레르기, 장폐색, 변비 등)
구토의 가장 많은 원인입니다.

02 공복시의 구토
위액만을 토하며 아침에 많이 나타납니다.

03 내장 질환 또는 내분비 질환
신장병이나 간장병 등의 내장 질환에서부터 당뇨병이나 쿠싱증후군 등 내분비 질환을 앓고 있는 경우에 구토가 나오게 됩니다.

04 중독
초콜릿 중독이나 약제 등의 중독 증상으로 나타나기도 합니다.

05 감염증
기생충이나 바이러스 감염, 세균감염 등 각종 감염증에 걸리면 토기를 보이며 구토하게 됩니다.

[토출]

06 식도염 등에 의한 염증

토기를 여러 번 일으킴으로써 위산의 역류가 생겨 염증을 일으키는 외에, 음식물 또는 중독성이 강한 섭취물로 식도에 염증이 일어나서 토출하는 경우가 있습니다.

07 갑상샘 기능 항진증이나 중증 근무력증 등의 거대 식도증

질병으로 식도의 기능이 손상되어 식도가 확장된 상태입니다. 그 밖에도 식도염 등 식도에 자극을 가함으로써 거대 식도증이 되는 것으로 알려져 있습니다.

08 종양

식도에 종양이 생겨 이물, 염증, 협착 등이 일어나서 섭취물을 정상적으로 삼킬 수 없는 상태에서 토출이 일어납니다.

09 선천적 이상

태중에 있을 때에 필요한 혈관이 출산 후 쓸데없이 남겨져서 식도를 죄는 혈관 이상이 보고되어 있습니다. 이런 선천적 이상에 의해서도 토출이 생기는 것으로 알려져 있습니다.

◆ 응급처치

01 음식물을 바꾼다(모두)
음식물을 유동식이나 통조림 등 소화하기 좋은 것으로 바꾸거나 건사료도 종류를 바꿈으로써 토기가 멈출 수 있습니다.

02 구토물의 내용, 토하는 타이밍을 확인한다(모두)
구토물의 내용이나 토하기를 되풀이하는 타이밍에 따라 구토인지 토출인지를 어느 정도 판단할 수가 있습니다. 앞에서 말한 것처럼 음식물을 먹은 후 얼마쯤 시간이 지난 뒤 어느 정도 소화된 음식물이나 위액 등이 나오는 것이 구토이며, 음식물을 먹은 직후에 곧바로 소화가 안 된 음식물이나 타액(침)이 나오는 것이 토출입니다. 이 두 가지를 잘 구별하면 치료에 도움이 됩니다.

03 토하는 이외의 증상을 판단한다(모두)
토하는 것 외에 어떤 증상이 있는가를 판단합니다. 식욕이 없다든가 원기가 없다면 긴급한 상황이므로 이 경우는 즉시 병원에 데려가야 합니다.

04 설사를 하는 경우는 식사를 1회 거른다(01)
반려견이 설사를 하는 경우 강아지가 아니면 우선 식사를 1회 주지 말고 걸러 봅니다. 그런 다음 소량의 음식을 부드럽고 소화가 잘 되는 것으로 줍니다. 그리고 소량의 음식을 3~4회 주는 것으로 횟수를 늘려 나가도록 합니다.

05 아침이나 공복시라면 식사 횟수를 늘린다(02)

아침이나 또는 공복시에 위액을 토한다면 이것은 위산과다를 원인으로 생각할 수 있으므로 우선 식사를 주는 횟수를 늘리도록 합니다.

06 자주 토하는 경우는 즉시 병원에 데려간다(모두)

구토가 만성적으로 계속되고 있다든가 하루에 여러 번 구토를 한다든가 구토물에 혈액이 섞여 있거나 양이 많은 경우에는 서둘러 병원에 데려가서 진료를 받아야 합니다. 또한, 구토와 함께 원기가 없어서 늘어져 있다든가 식욕이 없고 호흡이 거칠며 소변이 나오지 않는 등의 증상이 나타나는 경우도 빠른 대응이 필요합니다.

07 대변을 지참하고 병원에 데려간다(01)

이 경우도 앞에서 말한 것처럼 구토와 함께 대변의 상태에도 변화가 일어날 수 있습니다. 설사나 무른 변을 보았을 경우 대변검사도 필요하므로 병원에 데려가서 진료를 받을 때는 대변을 지참하기 바랍니다.

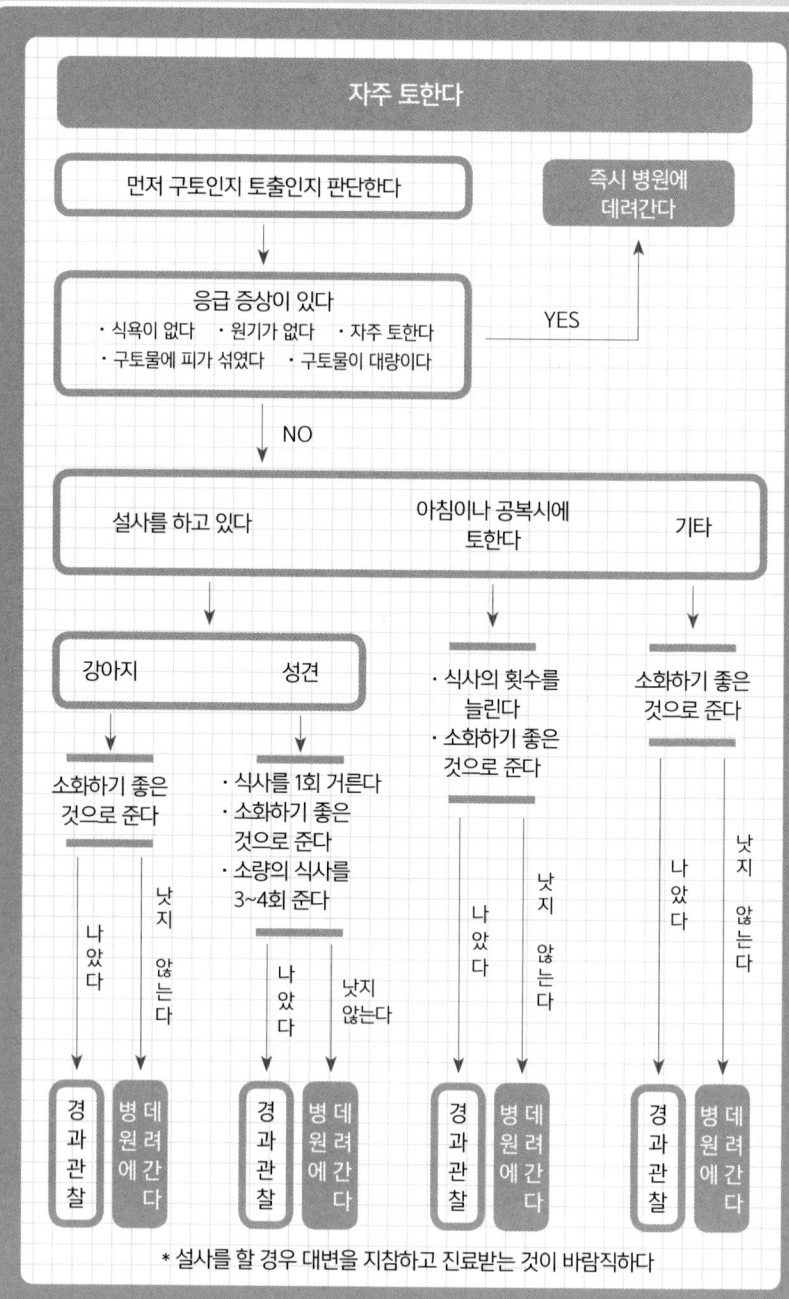

스물하나. 피를 토한다

◆ **주된 증상과 원인**

반려견은 사람보다 자주 토하는 경향이 있습니다. 건강한 상태로 음식물을 먹거나 물을 마시면서 가끔식 토하는 정도라면 별로 문제가 없습니다. 그러나 피를 토할 때는 입, 식도, 위 등의 상부소화관 어디에서 출혈을 하고 있다는 뜻이므로 주의가 필요합니다. 또한, 코나 폐의 질병을 앓고 있는 경우에도 피를 토할 가능성이 있습니다. 주된 증상과 원인은 다음과 같습니다.

01 입~장의 어느 부위의 염증이나 종양 등

위염이나 장염이 일어나면 표면의 점막이 얇아져서 상처를 받기 쉬워 소량의 출혈이 생기는 경우가 있습니다. 구토물이 약간 핑크색을 띠고 소량의 핏덩이가 점을 이루고 있는 정도라면 문제가 없겠으나, 위궤양 등이 중증인 상태가 되면 출혈량이 증가해 구토물이 거의 선혈이 될 수 있습니다.

위암 또는 식도암 등 소화기의 어느 부위에 종양이 발생하게 되면 구토물에 피가 섞이는 경우가 있습니다. 출혈량은 종양의 종류와 크기에 따라 다르지만, 갑작스러운 대량 출혈이나 일반적인 치료에 반응을 보이지 않는 출혈을 동반할 수 있습니다.

02 이물

끝이 날카로운 꼬챙이나 육포와 같은 음식물 등의 이물이 출혈의 원인이 될 수 있습니다. 이때는 물리적으로 점막에 자극을 주어 출혈이 생깁니다. 조금 전까지는 건강하게 식욕도 왕성했는데 무엇을 먹은 직후 일어난 출혈인 경우에는 주의해야 합니다.

03 지혈 이상

지혈에 관계되는 혈소판을 자신의 항체에 의해 이물로 인식함으로써 소화기뿐만 아니라 여러 장기에서 출혈을 일으키는 경우가 있습니다. 증상이 매우 심하여 대량의 토혈을 할 가능성이 있습니다.

04 코 또는 폐에서의 출혈

심한 비염이나 비강 내 종양이 있는 경우에 피가 목구멍에서 역류하여 피를 토하는 경우가 있습니다. 또한, 심한 심장병이 원인으로 폐에서 출혈이 일어나는 경우도 있습니다.

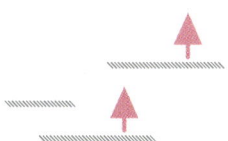

◆ 응급처치

[01] **한나절에서 하루 정도의 절식을 한다(01, 02)**

1~2회 정도의 구토가 있어도 원기가 있는 경우에는 가벼운 위장염일 가능성이 있습니다. 우선 한나절에서 하루 정도 절식을 해보기 바랍니다. 구토가 멈추지 않고 원기까지 점차 없어지는 경우에는 빠른 응급처치가 필요하므로 병원에 상담하는 것이 좋습니다.

[02] **반복해서 토혈하는 경우는 즉시 병원에 데려간다 (01, 02)**

원인이 종양일 경우에는 구토를 반복하고 토혈도 지속적으로 하는 경우가 많습니다. 가정에서의 응급처치로 토혈을 멈추게 하는 것은 어렵습니다. 우선 신속한 진단이 필요하므로 병원에 데려가기 바랍니다.

[03] **입안의 이물은 제거한다(02)**

입안에 이물이 꽂혀 있는 경우는 제거하고 압박지혈을 해주세요. 그리고 이물에 의한 토혈인 경우에는 증상이 급성으로 일어날 가능성이 있습니다. 무리하게 토하게 하면 이물의 형상에 따라서 소화관을 손상시킬 수 있으므로 서둘러 병원에서 진료를 받아야 합니다.

04 몸의 다른 부위에 이상을 확인한다(03)

지혈 이상에 의한 토혈인 경우에는 몸의 다른 부위에도 이상이 발견될 수 있습니다. 예를 들면, 몸에 보랏빛 반점이 나타나거나 혈뇨를 보이는 경우도 있습니다. 잇몸의 색깔이나 혀의 색깔이 평소보다 하얗게 보이는 경우도 있습니다. 지혈 이상은 신속한 진단과 치료가 필요한 긴급 질환입니다. 즉시 병원에 데려가서 진료받기를 권합니다.

05 호흡이 고통스럽다면 즉시 병원에 데려간다(04)

코 또는 폐에 원인이 있는 경우에는 피를 토하는 것 외에도 호흡이 고통스러운 증상을 동반하게 될 수 있습니다. 콧속이나 폐 안에서 일어난 출혈을 멈추는 것은 곤란하며 증상도 중할 때가 많으므로 서둘러 병원에 데려가기 바랍니다.

스물둘. 대변이 이틀 이상 나오지 않는다

◆ 주된 증상과 원인

대변이 나오지 않는 경우는 크게 두 가지의 원인을 생각할 수 있습니다. 첫 번째는 대변이 어떤 원인으로 막혀서 나오지 않는 경우와, 두 번째는 식욕의 저하로 대변이 만들어지지 않은 경우입니다. 각각에 대해 알아보겠습니다.

01 변비

반려견이 변비에 걸리면 배변시 통증 때문에 짖거나 소리를 낼 수 있습니다. 또한, 대변이 나오지 않는데도 배변 자세를 취하기도 합니다. 이러한 변비가 되는 원인으로는 다음과 같은 경우를 생각할 수 있습니다.

Ⅰ 소화관 종양 또는 복강 내에 있는 다른 종양이 압박을 받아 소화관이 폐색을 일으켰다.
Ⅱ 중성화하지 않은 수컷의 경우에는 전립샘 비대로 직장이 압박받는 경우가 있다.
Ⅲ 고령의 코기(corgi) 또는 닥스훈트의 경우에는 엉덩이 주위의 근육이 얇아져 소화관이 근육의 틈새에 일탈하게 되는 '회음 헤르니아'라는 병에 걸리는 것도 변비의 원인이 된다.
Ⅳ 그 밖에 이물의 섭취로 소화관이 폐색을 일으키는 경우도 있다.
Ⅴ 추간판 헤르니아로 인해 배변을 할 수 없는 경우

02 식욕 저하

반려견이 어떤 질병에 걸려 식욕이 떨어지게 되면 대변이 만들어지지 않아서 이틀 이상 대변이 나오지 않는 경우가 있습니다. 이 경우는 소화관이 폐색되어 있는 것은 아니므로 대변이 나오지 않는 것이 그다지 큰 문제가 되지는 않습니다. 그러나 식욕 저하의 원인을 찾기 위해 정밀검사를 할 필요가 있습니다.

◆ 응급처치

01 수분을 섭취시켜 대변을 묽게 한다(01)

가벼운 변비가 원인인 경우에는 대변을 묽게 해주면 증상이 조금 완화될 수 있으므로 수분을 충분히 섭취시켜 줍니다. 그렇게 해도 호전되지 않거나 잦은 구토, 전신성 기능 저하 등을 동반하여 위중한 경우에는 즉시 병원에 데려가서 진료를 받는 것이 좋습니다.

02 배를 마사지한다(01)

반듯하게 눕게 해 반려견의 배를 'の' 모양으로 마사지를 함으로써 변비가 완화되는 경우도 있습니다.

03 적당한 운동(01)

소화관의 운동을 촉진하기 위해서 적당한 운동을 할 필요가 있습니다.

[04] **만성적인 변비는 다이어트를 한다**(01)

만성적인 변비인 경우에는 비만이 원인일 수도 있습니다. 음식을 조절하면서 다이어트를 하는 처치가 필요합니다.

[05] **음식물을 바꾼다**(02)

식욕 부진인 경우 음식물을 바꾸거나 음식물을 데워줌으로써 식욕이 증진되는 사례도 있습니다. 그러나 식욕의 저하가 원인일 때는 응급 상황인 경우도 있습니다. 응급처치보다는 긴급한지 그렇지 않은지를 판단하는 것이 중요합니다. 반려견이 원기가 있는지 없는지는 매우 중요한 판단 기준입니다. 평소 때처럼 원기가 있다면 긴급하지는 않습니다. 하지만 평소와 달리 원기가 없다면 긴급한 상황이므로 빨리 병원에 데려가기 바랍니다.

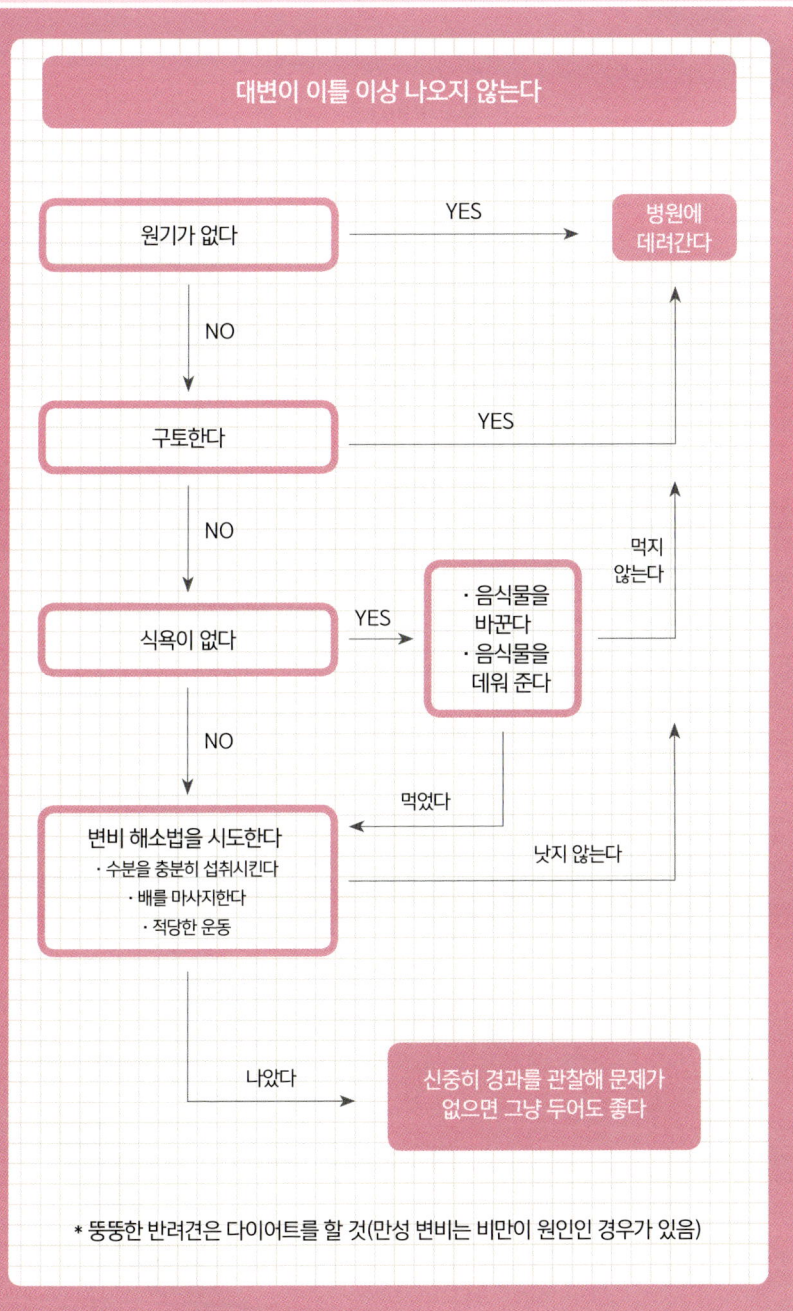

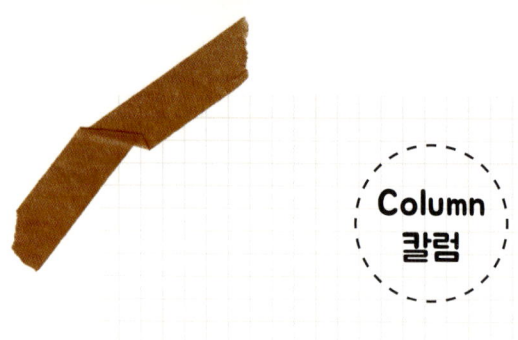

반려견의 치료에 도움이 되는
하우스 트레이닝

반려견에게 버릇을 가르치는 하우스 트레이닝은 매우 중요합니다.
"손!", "앉아!" 하는 것뿐만 아니라 대소변을 가리는 것이나 함부로 짖지 않도록 금지사항을 알려주는 교육을 해야 합니다. 반려인들 가운데는 이런 하우스 트레이닝을 잘하고 있는 분들이 많겠지만, 이것이 의료의 현장에서 매우 큰 도움이 된다는 사실을 알고 있는 반려인들은 많지 않습니다.
제가 수의사로서 매일 반려견을 진찰하면서 가장 어려움을 느끼는 것은 역시 '동물은 말을 할 수 없다'는 당연한 사실입니다. 반려견은 아무리 아프거나 고통스러워도 말로 그것을 전달하지 못하므로 수의사 쪽에서 증상을 특정하는 수밖에는 도리가 없습니다.

그런데 반려견은 수의사가 뜻하는 대로 진찰을 받아주지 않습니다. 진찰대에 올려놓는 것만으로도 꽁꽁 얼어버리거나 무서워서 짖거나 몸에 손을 대려고 하면 난폭해지거나 경우에 따라서는 제대로 진찰조차 할 수 없는 경우가 적지 않습니다.

이런 상황에서 하우스 트레이닝이 잘된 반려견은 다릅니다. 사람과의 관계를 이해하고 있는 것인지 아니면 평소 만지는 것에 익숙한 탓인지 수의사의 진찰에도 얌전하게 잘 응해 주는 경우가 많습니다.

물론 우리 수의사들은 어떤 반려견이든 의료의 범위 내에서 최선을 다하려고 노력하고 있지만, 반려견은 언어를 이해하지 못하기 때문에 결국 하우스 트레이닝 유무에 따라 진찰의 원활함이 달라진다는 것은 부정할 수 없는 사실입니다. 저는 모든 반려인들이 소중한 반려견의 건강한 삶을 위해서 반드시 하우스 트레이닝을 해야 한다고 생각합니다.

칼럼

응급 상황에서 반려견을 옮기려면

하우스 트레이닝 중에는 반려견이 아플 때 직접 도움을 주는 것도 있습니다.

예를 들어 반려견이 부상을 당했거나 질병에 걸리면 즉시 병원에 데려가야 합니다. 평소처럼 외출하는 것이라면 함께 걸어서 가겠지만, 이런 경우에는 반려견의 몸이 불편하기 때문에 걷게 할 수 없습니다.

그렇다면 택시나 지하철 등 대중교통으로 병원까지 이동해야 합니다. 반려견을 안고 대중교통을 이용하면 운전기사나 다른 승객들의 눈을 의식하게 되는데 이럴 때는 이동장(크레이트, crate)에 넣어서 병원까지 가는 것이 가장 안전합니다.

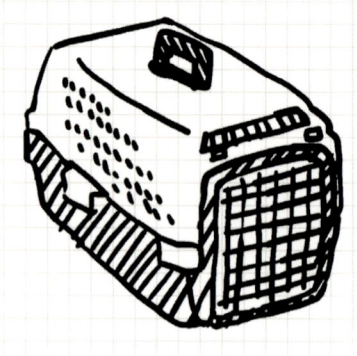

*크레이트는 반려견의 집이 될 수 있을 뿐 아니라 휴대운반용으로도 사용됩니다

이런 상황에서 도움이 되는 하우스 트레이닝은 크레이트를 포함한 이동장과 반려견의 집인 케이지 등의 '하우스'에 들어가는 연습을 하는 것입니다.

하우스 트레이닝은 병원에서 치료가 끝나 집에서 요양을 할 때도 도움이 됩니다. 부상이나 질병에 따라서는 회복을 위해서 안정을 취할 필요가 있습니다. 안정을 취하기 위해서는 반려견이 '하우스'에 들어가는 것이 가장 좋은 방법입니다(그러나 반려견에게 스트레스를 줄 것 같으면 안정시키는 방법을 바꿀 필요는 있습니다).

또한, 병원 입원실에서 지내게 되어 스트레스로 식욕이 떨어지거나 난폭해지는 반려견도 있으나, 평소에 하우스 트레이닝이 잘된 반려견은 비교적 안정된 상태로 지낼 수 있어서 치료도 원활하게 진행됩니다. 이런 점을 생각하면 하우스 트레이닝이 얼마나 중요한지 실감할 수 있습니다.

그러면 어떻게 하우스 트레이닝을 해야 할까요. 구체적인 방법은 다음과 같습니다.

Ⅰ 음식물 또는 간식, 좋아하는 장난감을 하우스 안에 넣어 두고 반려견의 흥미를 갖게 한다.
Ⅱ 반려견이 안에 들어가게 되면 반드시 그 타이밍에 "하우스!"라고 짧고 강하게 말한다.
Ⅲ 아침과 저녁 식사를 하우스 안에서 먹게 해서 이를 생활 패턴화한다.
Ⅳ 그리고 길들여지면 문을 잠가 본다.
Ⅴ 처음에는 문을 닫는 것을 알듯 모를듯 할 정도의 짧은 시간에서 시작해 조금씩 시간을 길게 늘려 간다.
Ⅵ 반려인의 "하우스!"라는 말에 따라 반려견이 스스로 하우스에 들어가게 되면 트레이닝이 완료된다.

하우스 트레이닝의 경험이 있는 반려인은 잘 알겠지만, 이것은 생각보다 어려운 훈련입니다. 좁은 곳에 갇히는 것을 반려견이 싫어하기 때문에 반려인이 하우스에 넣으려고 해도 잘 들어가지 않습니다.

하지만 꾸준하게 훈련을 반복하게 되면 반려견이 어느 순간 하우스에 들어가는 것을 볼 수 있습니다. 반려견이 싫어하면 억지로 무리하게 넣으려고 하지 말고, 반려견 스스로 들어가고 싶어할 때까지 시간을 두고 계속 반복훈련을 하는 것이 중요합니다. 여러분도 꼭 성공할 수 있도록 꾸준히 하우스 트레이닝을 하시기 바랍니다.

*케이지는 반려견의 집입니다

병원에 익숙해지게 한다

병원을 싫어하는 반려견이 많습니다. 아픈 몸에 손을 댄다든가 때로는 주사를 놓아서 아프게 하기 때문입니다. 병원이란 곳은 반려견에게 있어서는 좀처럼 좋아질 수는 없는 장소이지만, 어느 정도 익숙해질 수 있도록 가르치는 것은 가능합니다.

예를 들면, 병원에 갔을 때 좋아하는 간식을 준다든가 병원 스탭이 같이 놀아 준다든가 (이것은 병원에 따라 가능한 곳과 가능하지 않은 곳이 있습니다만…) 함으로써 반려견에게 병원이라는 곳의 이미지를 좋게 해주면 반려견이 비교적 편안한 마음으로 진찰을 받을 수가 있습니다.

이를 위해서는 아프지 않을 때도 병원에 가서 건강검진을 하거나 주사 같은 싫어하는 것을 하지 않는 날을 만드는 것도 중요하다고 하겠습니다. 반려인들은 사랑하는 반려견이 오래 살기 위해서라도 하우스 트레이닝을 하고, 병원이 익숙해질 수 있도록 자주 병원에 데려 가기 바랍니다.

전신

스물셋. 경련을 일으킨다

◆ 주된 증상과 원인

경련이란 전신 또는 몸의 일부에 의지와는 관계없이 나타나는 근육 움직임의 하나로 근육 수축이 계속되는 상태입니다. 전신이 뻣뻣하게 경직하는 강직성경련 또는 몸이 덜덜 떨린다거나 실룩거리는 간대성경련, 그리고 그 양쪽을 동시에 일으키는 강직성·간대성경련이 있습니다.

경련 발작은 여러 가지 원인에서 일어나지만 크게 나누면 뇌 자체에 원인이 있는 뇌성과 뇌 이외의 원인에 의해 일어나는 뇌외성 등이 있습니다.

또한, 경련과 비슷한 증상으로 실신이 있습니다. 실신이란 일시적으로 의식을 잃는 것으로 경련과는 다르며, 어떤 전조증상도 없이 갑자기 일어났다가 점차 회복합니다(원인은 뇌의 문제도 있으나 대부분은 심장병이나 저혈당 등이 문제가 됩니다).

반려인은 먼저 이 두 가지를 혼동하지 않도록 침착하게 반려견의 상태를 보고 판단하는 것이 중요합니다.

여기서는 경련에만 국한하여 뇌성과 뇌외성 각각의 병명을 살펴보도록 하겠습니다.

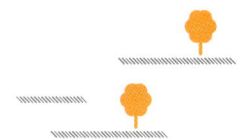

01 뇌성(원인이 뇌 자체에 있는 경우)
뇌종양, 뇌염, 간질, 수두증, 두부외상, 디스템퍼 (distemper), 바이러스 감염증, 광견병 등

02 뇌외성(원인이 뇌 이외에 있는 경우)
중독성(요독증, 간성뇌증, 중독성 물질의 섭취 등), 대사성(당뇨병, 내분비 질환, 전해질 이상, 출산 등에 의한 저칼슘혈증 등), 더위 먹음, 발열, 저산소증 등

◆ 응급처치

01 머리나 몸을 보호한다
전신에 경련이 일어나고 있을 때는 주위의 물건에 부딪히거나 넘어지지 않도록 쿠션이나 타월, 담요 등으로 몸을 감싸 줍니다.

02 경련 중에는 자극을 주지 말고 지켜본다
경련은 보통의 경우 대부분 곧 진정됩니다. 몸을 흔들거나 큰 소리나 목소리를 내는 등 외부로부터의 자극을 주면 오히려 상태가 더 나빠질 수 있으므로 반려인은 갑작스런 경련에 놀라서 당황하지 말고 반려견이 자연스럽게 진정되기를 기다려야 합니다.

03 혀가 보이면 괜찮다

경련 때는 의식이 없기 때문에 혀가 목구멍을 막을 수 있습니다. 혀가 눈에 보인다면 그대로 지켜보도록 합니다. 무리하게 손을 입에 넣으면 물릴 수도 있으므로 위험합니다.

04 거품이나 침이 심할 경우에는 닦아 준다

거품을 내뿜거나 침을 심하게 흘린 경우 경련이 끝나고 나면 씻어 주세요. 만약 흘리는 양이 많으면 기도를 막을 수도 있으므로 입안에 손이 들어가지 않도록 주의해서 닦아 주거나 또는 머리와 얼굴을 아래로 향하게 하고 안아 주는 등의 처치가 필요합니다.

05 경련이 진정된 이후의 모습을 관찰한다

경련이 진정된 다음에는 불러도 멍하니 반응이 없다든가 휘청거리며 걷는다든가 침을 흘리는 등의 증상이 나타날 수 있습니다. 이때 넘어지지 않도록 주의해야 합니다. 경련 중에 반려견은 의식이 없어서 중심을 잃을 수 있으므로 조용한 목소리로 말을 걸어 진정시켜 주기 바랍니다.

 주의1 경련의 전조증상을 놓치지 않는다

경련 발작을 일으키기 전에는 평상시와 다른 행동을 할 수 있습니다. 몹시 불안해 보이거나 갑자기 짖어대거나 침을 흘리거나 안 보이는 곳에 숨는 등의 행동을 보입니다. 이처럼 경련 직전에 전조증상이 나타날 수 있고, 그것이 며칠 계속되는 경우도 있습니다. 평소에 반려견의 행동을 관찰해 두면 전조증상을 발견할 수 있습니다.

 주의2 경련 중의 모습을 기억(기록)한다

대체로 반려견을 병원에 데리고 가서 진찰을 받을 때는 경련이 진정된 상태이므로 수의사가 실제 경련하는 모습을 볼 수 있는 경우는 거의 없습니다. 따라서 반려인이 경련이 일어나는 모습을 기록하여 수의사에게 전달하면 증상을 파악하는데 큰 도움이 됩니다. 가능하다면 발작시에 스마트폰이나 디지털 카메라 등으로 동영상을 촬영하여 수의사에게 전달해 주세요.

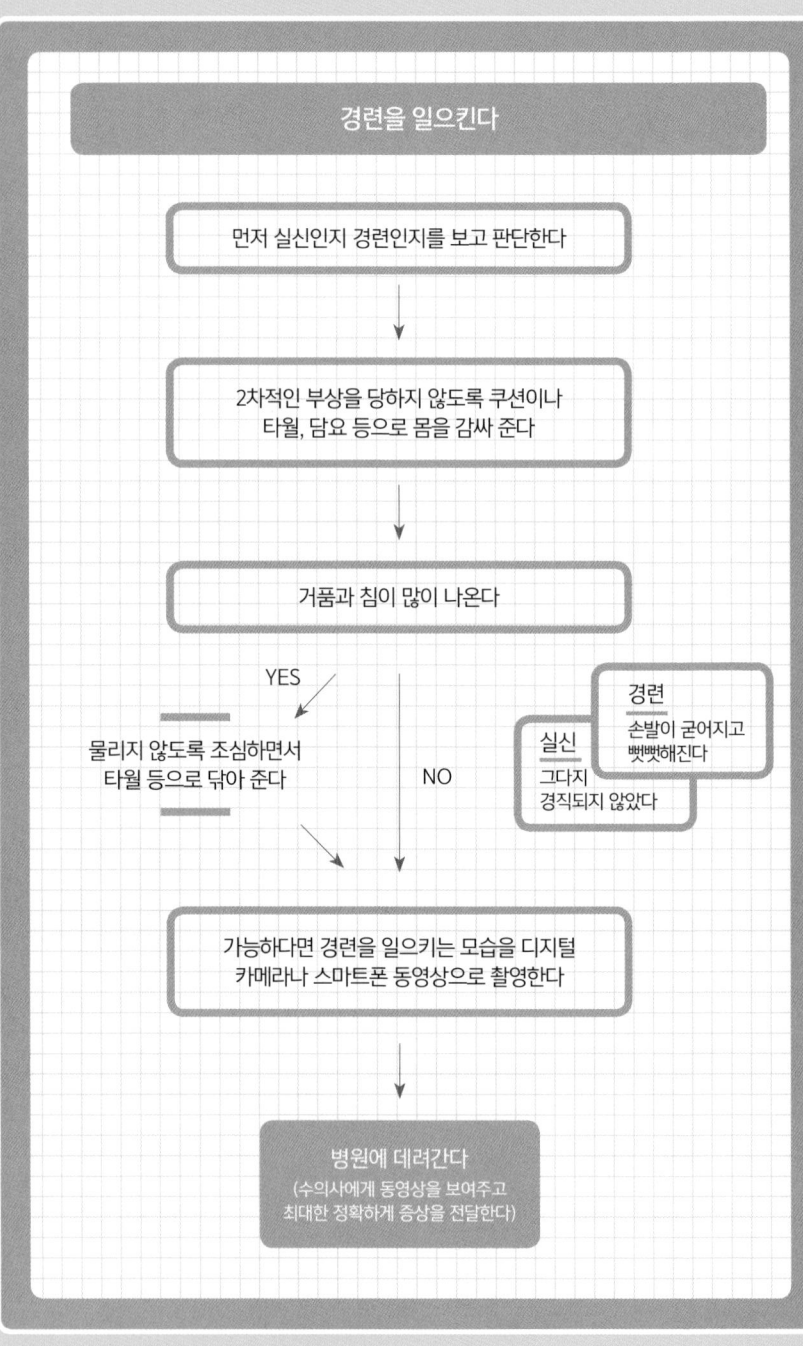

스물넷. 달려들어 물려고 한다

◆ 주된 증상과 원인

반려견이 달려들어 물려고 하는 행동을 하는 데는 여러 가지 이유가 있습니다. 상대방을 공격, 위협한다거나 영역을 지키기 위해, 공포감을 느껴서 자신을 지키려고 하는 경우와 본능적인 충동(사냥), 스트레스의 해소, 놀이의 연장 또는 강아지의 시기에는 유치에서 영구치로 이갈이를 할 때 근질근질해서 물기도 합니다.

실제 이러한 케이스에서는 반려인도 반려견이 무는 이유를 알고 있는 경우가 많지만, 그중에는 어느 날 갑자기 이유도 없이(적어도 반려인에게는 그렇게 보입니다) 반려견이 달려들어 물게 되는 경우가 있습니다. 그 배후에는 질병이나 부상이 잠복해 있을 때가 많습니다. 지금까지 물지 않던 반려견이 갑자기 달려들어 물게 되었을 때 생각할 수 있는 여러 가지 원인을 살펴보겠습니다.

01 통증

통증이 있는 부위에 닿지 않게 하려고 무는 경우가 있습니다. 예를 들면 구내염이나 외이염, 피부염, 관절염 등으로 인해 입이나 귀, 다리, 허리 등이 아파서 그곳을 닿지 않게 하려고 문다든가 아픈 곳에 닿아서 통증이 일어났을 때에 무는 행동을 하여 저지하는 것입니다.

02 시각, 청각의 쇠약

노화에 의한 변화나 질병으로 시각 또는 청각이 쇠약해졌거나 상실되었을 때에도 닿는 것에 민감해지게 됩니다. 아픈 곳에 갑자기 닿거나 안아 주게 되면 놀라서 무는 경우가 있습니다.

03 치매

치매에 의한 성격의 변화 또는 반려인을 인식하지 못하게 되어 무는 경우가 있습니다.

04 문제행동

반려견이 사람과 생활하면서 자기(반려견)의 생각대로 되지 않을 때에 물면 요구가 받아들여진다고 학습되어 있는 경우나 사람보다도 자기(반려견) 쪽이 서열이 위라고 생각하고 있는 경우 등 반려견과 반려인 사이에 잘못된 서열이 형성됐을 때에 무는 행동을 하기도 합니다.

05 뇌 질환

뇌의 질병으로 성격이 변했거나 무의식 중에 달려들어 무는 경우가 있습니다(예: 격노증후군, 뇌종양 등).

응급처치

01 엘리자베스칼라를 착용시킨다(01)

통증이 있는 부위가 닿게 되면 물 수 있습니다. 먼저 엘리자베스칼라를 착용시킬 것을 권합니다.

02 어느 부위에 닿으면 아파하는가를 관찰한다(01)

통증이 분명한 경우 그 원인을 제거할 필요가 있으나, 무리하게 손을 대려고 하지 말고 원기나 식욕이 있다면 안정을 취하게 한 다음 상태를 지켜봅니다. 통증의 정도에 따라서는 수의사의 치료가 필요하므로 어느 부위에 닿으면 물려고 하는지 관찰해 수의사에게 알려주어야 합니다. 그리고 병원에 데리고 갈 때는 통증을 호소하는 부위가 닿지 않도록 하거나 타월로 잘 감싸 안아서 물리지 않도록 조심해야 합니다.

03 먼저 소리를 낸 다음 반려견의 몸에 손을 댄다 (02, 03)

시각이나 청각이 쇠약해지면 다른 감각(촉각, 후각, 미각 등)으로 그것을 대신하려고 하면서 예민해지는 경우가 있습니다. 먼저 소리를 낸 다음 반려견의 몸에 부드럽게 손을 대 놀라지 않도록 하기 바랍니다. 그리고 턱진 곳은 밟지 않도록 울타리를 해주거나 좁은 곳에는 들어가지 못하게 해야 합니다.

04 공격성이 증가하는 경우는 즉시 병원에 데려간다 (03, 04, 05)

치매나 문제행동, 뇌 질환인 경우에는 달려들어 물려고 하는 공격성이 증가할 수 있습니다. 정도에 따라서는 향정신약을 사용한 치료가 필요할 수도 있으므로 자주 가는 병원에 상담할 것을 권합니다.

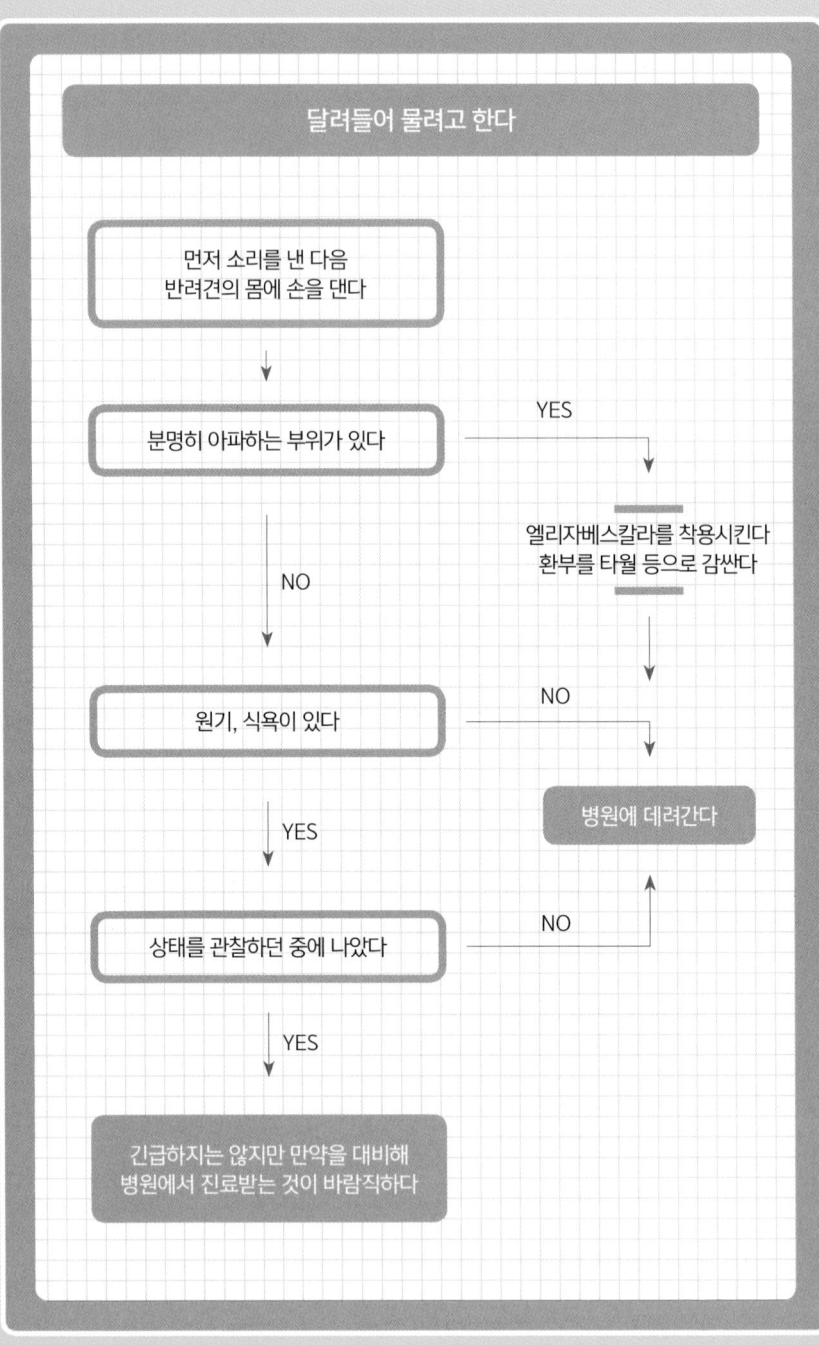

스물다섯. 몸이 뜨겁다

◆ 주된 증상과 원인

반려견의 체온은 몸의 크기, 나이, 활동성의 차이, 시간대에 따라서도 변동이 있지만, 대체로 37℃대 후반에서 38℃가 평열입니다. 안정을 취한 상태에서 39.5℃를 초과하고 동시에 원기나 식욕까지 떨어져 있다면 발열하고 있는 것으로 보아야 합니다. 특히 40℃를 넘는 경우는 고열이라 할 수 있습니다. 엄격히 말하면 체온의 상승이 반드시 질병때문에 일어났다고는 할 수 없으나, 계속적으로 체온이 높거나 원기나 식욕도 없는 등의 걱정스러운 상태가 동시에 일어나고 있다면 어떤 모르는 질병으로 인해 발열하고 있다고 볼 수 있습니다.

발열(체온의 상승)의 원인은 주로,

01 세균이나 바이러스 등의 감염
(폐렴, 방광염, 기관지염, 자궁축농증 등)
02 종양이나 자기면역 질환 등의 염증을 일으키는 질병
03 열중증(더위 먹음)

등을 들 수 있습니다.

01, 02 가 원인인 발열은 몸이 스스로를 지키기 위한 생체방어 기능의 하나로, 체온이 올라감으로써 병원균의 증식이 억제되거나 백혈구 또는 면역 기능이 촉진된다고 보고 있습니다.

03은, 반려견은 땀을 흘리는 것이 거의 불가능하므로 발한에 의한 체온조절이 어려워 여름철이나 밀폐된 공간 등에서는 열중증(더위 먹음)에 걸리기 쉬운 경향이 있습니다.

◆ 응급처치

01 체온을 측정한다(모두)

반려견이 입을 벌리고 헉헉거리며 숨을 쉬고 있거나 몸에 손을 대 보니 평상시보다 뜨겁게 느껴질 때는 체온 측정을 해보기 바랍니다. 반려견이 싫어하지 않고 체온계도 준비되었다면 직장온(直腸溫)의 측정으로 체온을 확인합니다*. 체온계가 없을 때는 귀나 배 등 비교적 체온을 느끼기 쉬운 부위에 손을 대 보고 평상시보다 뜨겁게 느껴지는지 확인하는 것도 좋습니다.

*체온계로 체온을 측정하는 부위는 주로 직장(항문 바로 다음의 장)입니다. 체온계는 사람이 쓰는 것도 상관없습니다. 체온계의 체감부가 직장 내에 들어가는 정도인 2~3센티까지만 삽입해 체온을 측정합니다.

02 열을 내리게 한다(모두)

체온이 상승한 원인이 각각 다르다 하더라도 전체적으로 어느 정도 열을 내리게 하는 것은 필요합니다. 체온을 내리게 하는 응급처치는 다음과 같습니다.

Ⅰ 물을 준다(반려견 스스로 물을 마실 수 있는 경우)
Ⅱ 에어컨을 가동한다
Ⅲ 창문을 열거나 선풍기를 돌리는 등 통풍을 좋게 한다
Ⅳ 차게 한 타월 또는 타월로 싼 아이스팩 등으로 겨드랑이, 다리의 연결 부위를 식혀 준다
Ⅴ 물에 적신 타월을 몸에 걸쳐 주고 선풍기로 바람을 보낸다(기화열의 원리를 이용)
Ⅵ 옥외인 경우에는 그늘로 이동한다
Ⅶ 아이스팩이나 펫보틀 얼린 것을 타월로 싸서 목, 겨드이, 넓적다리 등에 댄다

이와 같이 여러 가지 응급처치가 있습니다. 발열의 정도나 반려견의 상황에 맞춰 처치하기 바랍니다. 또한, 지나치게 차게 하여 체온이 너무 많이 떨어져도 좋지 않습니다. 자주 체온을 재면서 대처해야 합니다.
발열 중에는 상태를 두고 지켜봐도 괜찮은 것과 그렇지 않은 것이 있습니다. 각각의 특징을 다음에 설명하겠습니다. 병원에 가야 하는지의 여부를 판단하는 기준으로 참고하기 바랍니다.

[상태를 지켜봐도 괜찮은 발열]

01 운동 후나 흥분시

운동 후나 흥분시 등 생리적인 체온의 상승이라면 문제가 없습니다. 몸을 차게 해주거나 안정을 시켜주면 자연스럽게 평열로 돌아옵니다.

02 미열로 식욕이 있는 경우

미열이거나 몸이 뜨거워도 원기가 있고 식욕이 있다면 자연스럽게 안정되는 경우도 있습니다. 체온을 재보면서 그 후 평열로 안정되는지 다시 열이 올라가는지 주의 깊게 반려견의 상태를 지켜보기 바랍니다.

[상태를 지켜봐서 안 되는 발열]

01 식욕이 없다
02 원기가 없다
03 구토나 설사를 동반한다
04 미열이 계속된다
05 40℃ 이상의 고열
06 경련을 동반한다
07 숨쉬기가 괴롭다
08 축 늘어져서 일어나지 못한다
09 의식이 없다

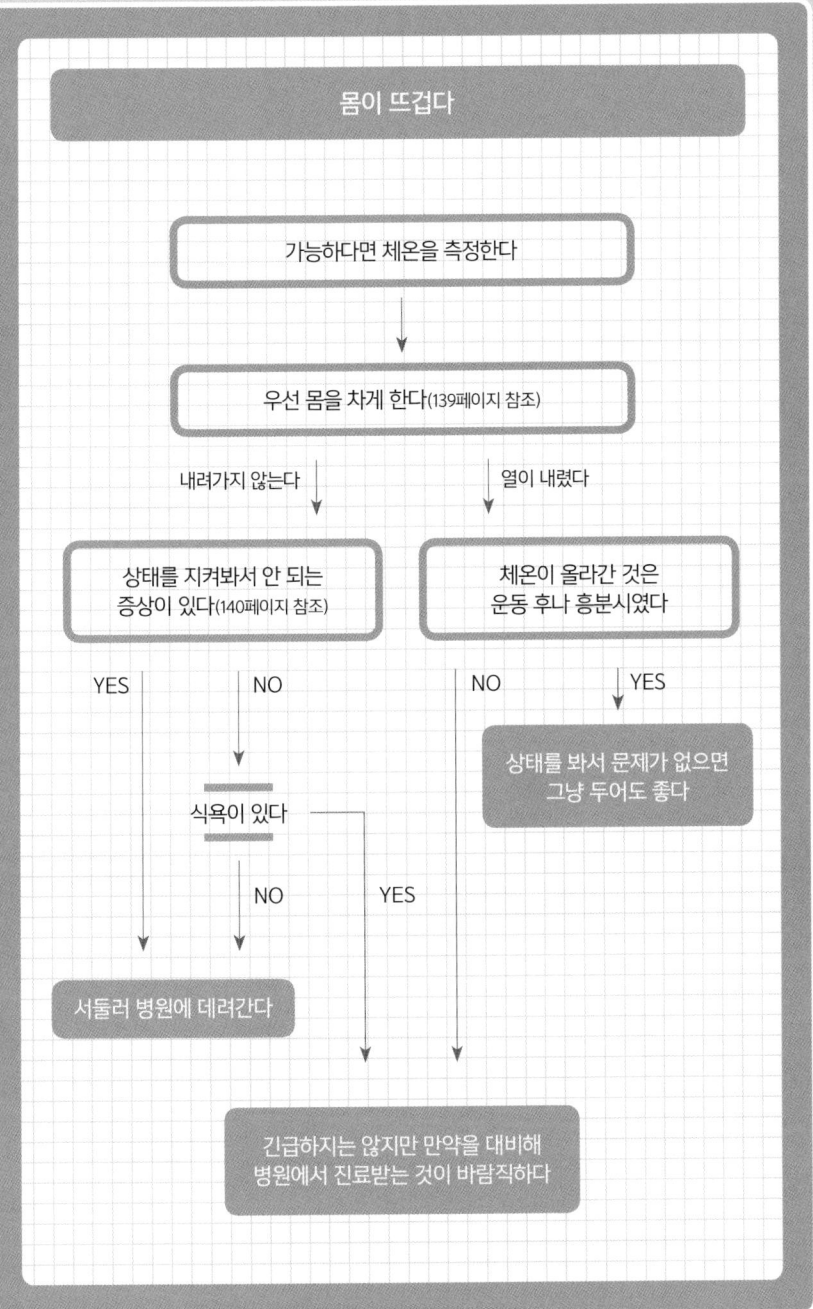

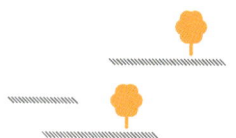

스물여섯. 걸음거리가 휘청거린다 (힘이 빠졌다)

◆ 주된 증상과 원인

뒷다리가 힘없이 휘청거리고 걷거나 다리를 끌듯이 걷는 증상은 여러 가지 원인으로 발생합니다. 허리 질환이나 몸이 휘청거림과 마비 증세를 동반하는 경우에는 대부분 추간판 헤르니아(디스크)라는 질환입니다. 정도에 따라 증상이 나타나는 모양은 여러 가지지만, 척수의 압박이 심해질수록 휘청거림이나 마비의 상태가 심해지는 경향이 있습니다. 또한, 배변이나 배뇨가 자력으로 안 되는 경우도 있습니다.

그리고 대형견의 경우는 걸음걸이가 이른바 '먼로 워킹'이라 부르는, 엉덩이를 좌우로 흔들면서 걸을 때도 있습니다. 이것은 대형견에게 발생하는 고관절 형성부전이라는 질환에 특징적으로 나타나는 증상의 하나입니다. 디스크와는 달리 마비를 일으켜 휘청거리는 것이 아니라 고관절에 통증이 생기기 때문에 이를 감싸기 위해 좌우로 허리를 흔들듯이 하며 걷게 되는 것입니다.

다음에 그 밖의 원인을 포함하여 구체적인 병명과 증상을 살펴보겠습니다.

01 뇌신경에 관련된 질환

주로 앞에 말한 추간판 헤르니아가 원인일 가능성이 있습니다. 걸을 수 있으면 괜찮지만 마비 상태인 경우는 중증화가 된 것입니다. 그 밖에 노화에 따라 동반하는 변형성 척추증, 뇌척수의 종양, 외이염 또는 원인불명의 말초성 전정장애, 치와와 같이 머리가 약간 큰 견종에 발병하기 쉬운 수두증, 외상에 의한 척수손상 등이 있습니다.

02 근골격 계통의 질환

주로 대형견이라면 고관절 형성부전, 소형견이라면 슬개골 탈구, 사고로 인한 골절 등이 있습니다.

03 대사성 질환 등

갑상샘 기능저하증, 당뇨병, 저칼슘혈증 외에 빈혈, 저혈압, 중증근무력증 등 광범위합니다.

◆ 응급처치

01 걸음걸이나 거동을 관찰한다(모두)

휘청거리는 것을 확인했을 때는 먼저 외상이 없는가 만지면 아파하는 곳이 없는가 휘청거리는 것 외에 다른 증상은 없는가 등을 관찰하기 바랍니다.
예를 들면,

- Ⅰ 다리를 끌면서 걷는다
- Ⅱ 안구가 흔들린다
- Ⅲ 목이 한쪽으로 틀어져 있다
- Ⅳ 선회(한쪽 방향으로 뱅뱅 돌면서 걸음)한다

등의 상태를 동반하고 있을 경우는 뇌 또는 신경에 관련된 질환일 가능성이 있습니다. 특히 마비가 일어나고 있으면 조기에 치료해야 할 필요가 있으므로 서둘러 병원의 진료를 받아야 합니다.

02 근육 또는 관절의 질환은 상태를 보아 병원에 데려간다(02)

앞에서 말한 증상없이 다리를 들어올린다거나 절름거리는(정상으로 걷지 못하고 다리를 끄는) 경우에는 근육 또는 관절 등의 질환일 가능성이 있습니다. 얼마간 안정을 취하게 하고 상태를 관찰하기 바랍니다. 하룻밤 정도 쉬게 하는 것도 무방합니다.

03 확실하게 골절된 것이 아니라면 상태를 지켜본다 (모두)

골절이 아니라면 하루쯤 안정을 취하면 호전되는 경우도 있습니다. 상태를 보다가 낫지 않으면 병원에 데려갑니다.

04 휘청거리는 증상과 관계가 없다고 생각되는 것도 확인한다(모두)

휘청거림의 원인이 되는 질환은 여러 가지가 있으므로 언제부터 휘청거리게 되었는지 식욕에 변화는 없는지 구토는 안하는지 배변 배뇨는 잘 되는지 음료수량은 불어나지 않았는지 등을 세심하게 관찰해 두기 바랍니다. 얼핏 보기에 휘청거리는 증상과 관계가 없다고 생각되는 것도 진단의 열쇠가 될 수 있으므로 조금이라도 신경이 쓰이는 증상이 나타나는 경우에는 수의사에게 알려 주도록 합니다.

05 넘어지거나 부딪히지 않도록 안전장치를 해준다 (모두)

휘청거리면 다리가 안정되지 않아서 넘어지거나 떨어질 수 있습니다. 2차적인 부상을 당하지 않도록 케이지나 크레이트에 넣거나 타월 또는 쿠션 등으로 안전장치를 해주기 바랍니다. 그리고 바닥이 미끄러우면 넘어지기 쉬우므로 마룻바닥이 잘 미끄러지는 바닥재인 경우는 카펫이나 매트를 깔고 고정시키는 안전장치를 해야 합니다.

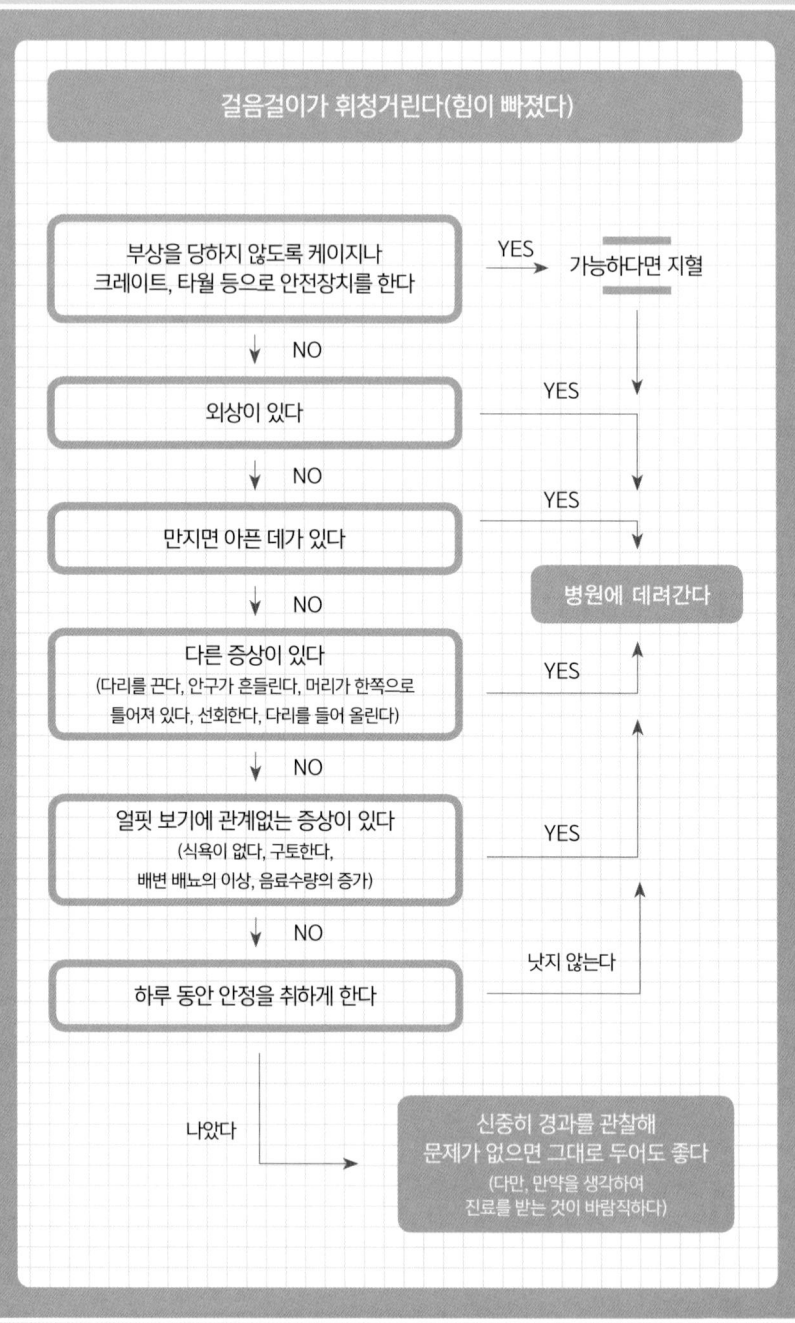

스물일곱. 설사를 한다, 또는 혈변을 보인다

◆ **주된 증상과 원인**

설사는 몸의 컨디션 변화를 알리는 신호로서, 평소 발견하기 쉬운 증상의 하나입니다. 설사의 원인은 여러 가지로, 위 또는 장 등의 소화기 질환에서 기인하는 것부터 그렇지 않은 것도 있습니다.

그리고 혈변을 동반하는 경우도 있습니다. 일반적으로 출혈을 동반하는 설사가 증상이 심할 것이라는 이미지가 있으나, 반드시 그런 것은 아닙니다. 혈변을 하지 않으면 문제가 없다고 안이하게 판단해서는 안 되며, 위중한 질환이 숨겨져 있을 수 있으므로 주의해야 합니다.

다음 페이지에서 주된 증상과 원인을 설명하겠습니다.

01 음식물
음식물이 맞지 않거나 음식물의 변경으로 인해 설사를 일으키는 경우가 있습니다.

02 스트레스 등 환경의 변화
환경의 변화로 설사를 유발할 가능성이 있습니다. 예를 들어 이사를 하거나 손님의 방문, 트리밍(반려견의 털을 손질하여 모양을 내는 것)을 한 후 대변이 묽어지는 경우가 있습니다. 하루나 이틀이 지나서 호전되면 걱정할 필요가 없지만, 만약 장내의 세균들이 교란을 일으키면 장기간 설사가 지속될 가능성이 있습니다.

03 이물 섭취
이물을 잘못 먹었을 때도 설사를 할 수 있습니다. 사람이 만든 물건이나 화학물질 등 반려견에게 해로운 것을 잘못 먹었을 경우 위중한 질환으로 연결될 수 있기 때문에 주의해야 합니다. 반려견이 잘못 먹기 쉬운 이물을 반려견 가까이에 두지 않도록 하기 바랍니다.

04 감염증
감염증에 걸렸을 경우에도 설사를 할 수 있습니다. 반려견이 걸리는 감염증은 여러 가지가 있으며, 세균이나 바이러스, 기생충 등에 의해 유발됩니다. 그 중에는 백신으로 예방되는 경우가 있으므로 예방접종을 하기 바랍니다.

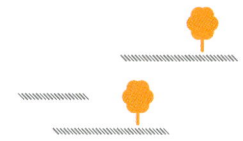

05 소화기 질환에 걸린 경우
대부분 설사 증상이 나타납니다. 이때는 설사 이외에도 구토나 발열, 식욕 부진, 체중 감소 등의 증상이 나타나기도 합니다.

06 소화기 질환 이외의 병
내분비 질환의 증상으로 설사가 가장 많이 발생합니다. 다른 증상으로 활동성의 저하나 다음다뇨가 나타나는 경우가 있으나, 원기가 없는 상태의 증상처럼 반려인이 알아차리기 어려울 수도 있습니다.

07 종양
설사를 하는 것이 아니라 대변에 선혈이 섞일 수도 있습니다. 대변이 딱딱하니까 문제가 없다고 안이하게 판단해서는 안 됩니다. 항문 주위나 대장에 질환이 병발하면 대변에 붉은색 선혈이 섞이게 됩니다. 그중에는 폴립과 같은 종류성병변(腫瘤性病變)이 존재하는 경우도 있으므로 주의해야 합니다. 또한, 혈변에는 붉은색 혈액이 섞이는 것뿐만 아니라 쇠냄새가 날 때에도 출혈을 의심해야 합니다. 위나 소장 등 상부소화관에 출혈이 생기면 혈액이 위나 장에서 소화되어 검은색 대변으로 배설됩니다. 대변은 모양뿐만 아니라 색깔이나 냄새에도 주의해야 합니다.

◆ 응급처치

01 성견인 경우 한나절 정도 절식을 한다(모두)

우선 한나절 동안 절식을 할 것을 권합니다(다만, 성견에 한해서). 배를 쉬게 해주어 설사 증상을 완화함으로써 호전되는 경우도 있습니다.

02 반려견용의 유산균제제(비오페르민)를 마시게 한다(모두)

반려견용의 유산균제제를 마시게 하면 좋아질 수 있습니다.

03 사료를 바꾼다(모두)

사료를 바꾸고 싶다면 시간의 여유를 두고 천천히 바꿀 필요가 있습니다. 간식도 마찬가지로서 새로운 간식을 주면 설사를 할 수 있습니다. 간식은 반려견에게 꼭 필요한 것이 아니라면 가급적 주지 않는 것이 좋습니다. 일반적으로 반려견은 사람에 비해 음식물의 변화가 적기 때문에 설사를 많이 하지 않습니다. 따라서 반려인이 설사를 발견했을 때는 먼저 병원에 가서 진료를 받는 것을 고려해야 합니다.

04 스트레스의 원인을 제거한다(모두)

어떤 것에 스트레스 인자가 존재하는 원인이 있다고 판단되면, 그것을 제거하기 바랍니다. 그리고 식사를 걸러서 배를 쉴 수 있게 해줍니다(단, 기본적으로는 24시간 이상의 절식은 피하세요. 오히려 장을 상하게 할 수 있습니다).

05 수분을 섭취시킨다(모두)

설사로 인해 많은 수분이 배출되므로 탈수가 일어나지 않도록 수분을 충분히 섭취시켜야 합니다. 그러나 지나치게 많은 수분을 섭취시켜서도 안 되므로 주의해야 합니다.

06 두 마리 이상의 반려견이 동거하는 경우 설사하는 반려견을 격리한다(모두)

여러 마리와 동거하는 반려견이 설사 증상을 보인다면 다른 반려견에게 감염될 수 있습니다. 감염을 막기 위해 설사를 하는 변려견의 분변에 가까이 하지 못하도록 격리해야 합니다.

07 이물을 먹었을 때는 병원에 데려간다(03)

이물을 먹었을 가능성이 있다면 100페이지의 항목을 참조해 병원에 데려가기 바랍니다. 중독성이 있는 것을 먹었을 경우 1시간 이내라면 응급처치를 할 수 있으며, 소화가 되지 않는 것이나 큰 이물이라면 외과적인 처치가 필요할 수 있습니다.

08 설사가 오래 계속될 때는 대변을 지참하고 병원에 데려간다(04, 05, 06, 07)

가벼운 정도의 급성 설사인 경우 2~3일이 지나면 증상이 좋아집니다. 그 이상으로 연변(묽은 대변)이 계속될 때는 질병이 의심됩니다. 내복·검사 등이 필요하므로 수의사와 상담하기 바랍니다. 이때 반려견이 가장 최근에 배설한 대변을 갖고 간다면 분변검사시 감염증의 진단에 도움이 됩니다. 또한, 방문 진료 때 현재 먹고 있는 음식물이나 환경의 변화, 배변의 횟수 또는 변의 강도 등을 메모해 가져 간다면 진단과 치료에 도움이 될 것입니다.

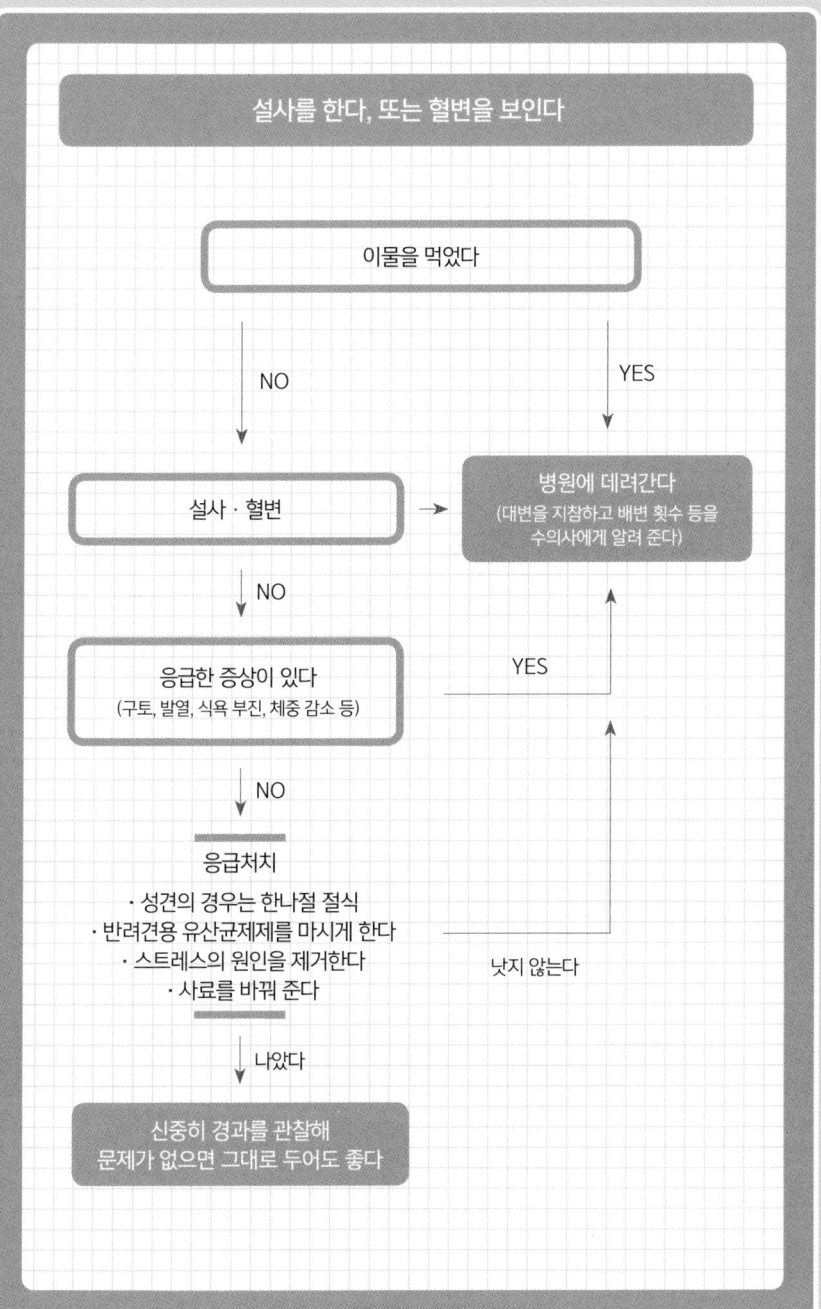

스물여덟. 요즘 잘 먹는다

◆ 주된 증상과 원인

반려견이 잘 먹는 것은 좋은 일입니다. 사람과 마찬가지로 반려견도 음식물을 충분히 먹고 운동을 하는 것이 건강 유지에 필수적입니다. 그러나 이상할 정도의 식욕 증진은 주의가 필요합니다. 주된 증상과 원인은 다음과 같습니다.

01 음식물의 내용이나 시간의 변경

예를 들면 반려견용 음식에도 여러 가지 냄새, 맛, 식감이 있고 반려견에 따라서는 기호도 있으므로 이러한 것에 의해 식욕이 바뀔 가능성도 있습니다 (음식물을 먹는 시간도 영향이 있습니다). 그리고 음식물의 그램 수가 같아도 음식물의 종류에 따라 칼로리양이 다른 경우가 있습니다. 실제로 섭취 칼로리양이 적어서 식사가 충분하지 못한데도 식욕이 증진한 것으로 보일 수도 있습니다.

02 소비 칼로리의 증가

소비 칼로리의 증가로 허기진 상태인 경우가 있습니다. 예를 들면, 도그런(반려견 전용 놀이터)에 자주 간다든가 산책 코스가 길어졌다든가 하는 등 운동량의 증가로 소비 칼로리가 증가한 경우에 그럴습니다. 식욕이 증진한 시기에 어떤 환경 변화가 없었는지 생활습관이 변하지 않았는지를 살펴볼 필요가 있습니다.

03 호르몬 질환(부신피질기능항진증)

쿠싱증후군이라고 하는 호르몬 질환으로 식욕이 증진하기도 합니다. 증상으로는 음료수량이나 소변량의 증가, 몸을 덮고 있는 털의 대칭성 탈모, 근육량의 감소 등이 있습니다.

04 소화기 질환

많은 소화기 질환의 경우에는 일반적으로 식욕이 떨어지지만 일부 소화기 질환에서는 영양의 흡수 불량과 함께 식욕이 증진하는 경우도 있습니다. *췌외분비부전이 그 한 예입니다. 소화흡수 불량이 일어나기 때문에 식욕 증진에도 불구하고 체중 감소가 따르게 됩니다. 또한, 소화불량으로 대변의 모양이 변하는 경우도 흔하게 발생합니다.

05 약물의 부작용

스테로이드제 등 일부 약물에서의 부작용으로 식욕 증진이 나타나는 경우도 있습니다.

06 스트레스

스트레스 등 정신적으로 안정되어 있지 않은 경우에도 일어날 수 있습니다.

* 췌외분비부전 : 췌장은 호르몬 분비를 하는 내분비샘인 동시에 소화관(십이지장)에 소화효소를 분비하는 외분비샘이기도 합니다. 췌장이 여러 가지 요인으로 소화효소를 분비할 수 없는 질환을 췌외분비부전이라고 합니다.

◆ 응급처치

01 음식물의 내용을 바꾼다(모두)
우선 음식물의 내용을 바꾸어 봅니다. 앞에서 말한 것처럼 음식물의 변경이나 섭취 칼로리의 변화로 식욕이 변합니다.

02 생활환경이나 습관을 고친다(모두)
생활환경, 생활습관을 고쳐 봅니다. 운동량의 증가 등 소비 칼로리의 증가는 식욕 증진의 원인이 됩니다.

03 체중을 측정한다(모두)
가정에서 체중 측정을 할 수 있는 환경을 만듭니다 (일주일에 한 번 정도 체중을 측정하면 충분합니다). 식욕 증진에 따라 반려견이 원하는 대로 음식물을 주다가는 비만을 초래하게 됩니다. 당뇨병이나 지질대사이상 등의 질환은 비만이 원인입니다.

04 평소와 다른 증상이 나타나면 즉시 병원에 데려간다(03, 04)

쿠싱증후군의 증상(음료수량 또는 소변량의 증가 등)이 나타나면 즉시 병원에 데려가야 합니다. 또한, 대변이 검고 걸쭉한 경우는 소화기 질환이 의심됩니다. 이때도 서둘러 병원에 데려가기 바랍니다.

05 약 또는 건강보조식품(영양제)을 복용하고 있다면 다른 걸로 바꾼다(05)

내복약을 복용하고 있다면 수의사에게 상담하기 바랍니다. 최근 복용하고 있는 약 또는 건강보조식품을 바꿔 봅니다.

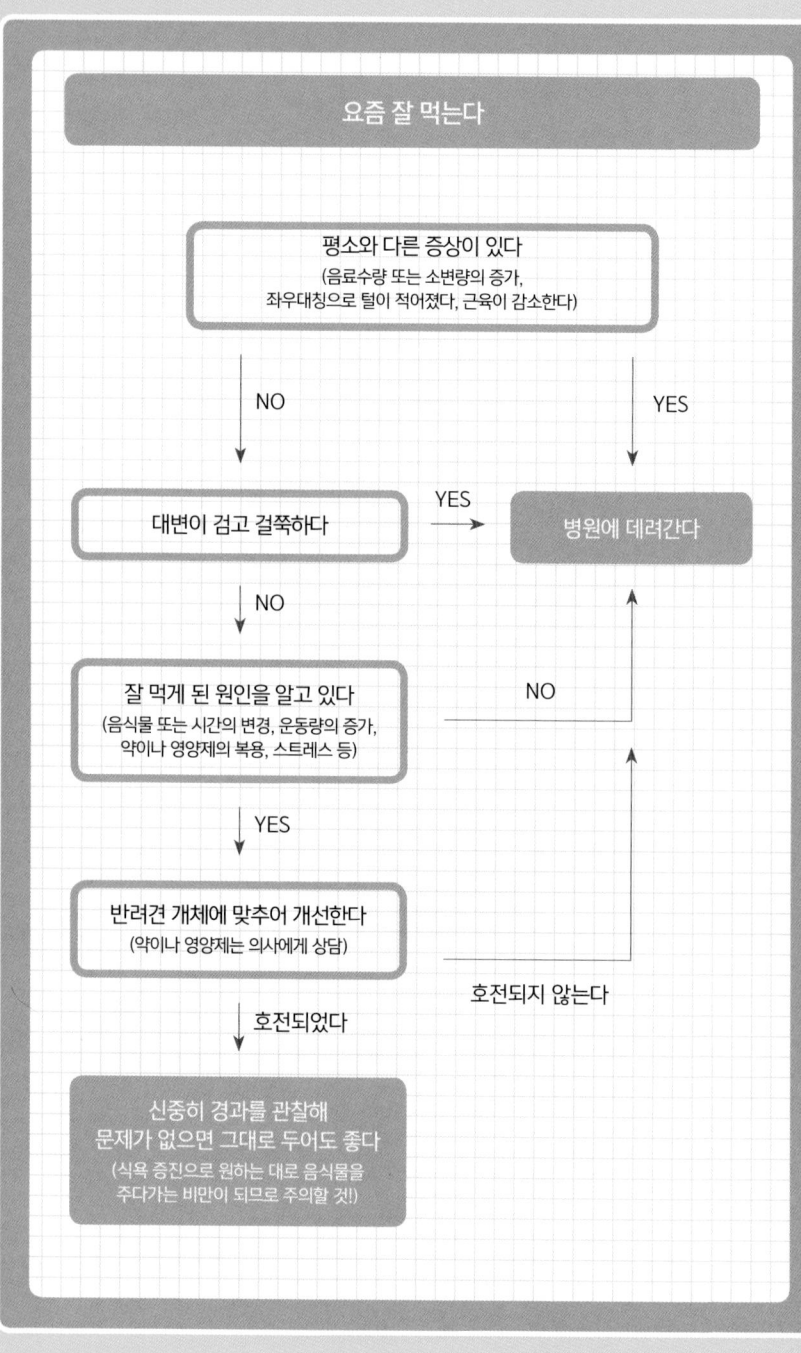

스물아홉. 요즘 살이 쪘다

◆ 주된 증상과 원인

반려견도 사람과 마찬가지로 섭취 칼로리와 소비 칼로리의 밸런스에 따라 살이 찌기도 하고 야위기도 합니다. 많이 먹어서 살이 찐 경우는 비만이 예상되므로 다이어트를 권합니다(당뇨병이나 지질대사이상 등 비만에 의해 위험도가 증가하는 질병도 있습니다). 그러나 살이 찌는 것은 단순한 비만이 아니라 질병이 의심되는 경우도 있습니다. 주된 증상과 원인은 다음과 같습니다.

01 섭취 칼로리의 증가

음식물의 양을 측정하지 않고 무턱대고 주다 보면 어느 순간에 양이 증가하게 됩니다. 우선 음식물의 양을 정확히 측정하기 바랍니다. 간식도 섭취 칼로리 중 하나입니다. 그리고 음식물이나 간식의 종류를 바꾸었을 때 그램 수가 같아도 칼로리양이 증가하는 경우도 있습니다. 가족 중에는 몰래 간식을 주는 사람도 있습니다.

02 소비 칼로리의 저하

운동량의 저하 또는 기초대사 에너지의 저하를 생각할 수 있습니다. 운동량의 저하는 산책 시간이 줄었다든가 도그런(반려견 전용 놀이터)에 가는 횟수가 줄어든 이유뿐만 아니라, 몸의 어딘가가 아파서 산책을 하지 않으려고 하거나 몸이 지쳐서 별로 움직이지 않으려고 하는 등 질병이 숨겨져 있을 가능성도 있습니다.

03 중성화수술 또는 피임수술을 했다

중성화수술이나 피임수술을 하면 기초대사 에너지가 저하합니다. 수술 후에는 식사량을 줄일 필요가 있는데, 일반적으로는 30%의 감량을 해야 합니다. 그러나 각각의 개체차가 있기 때문에 체중 측정을 하면서 식사량을 조정하지 않으면 살이 찌게 됩니다.

04 갑상선기능저하증(호르몬 질환)

갑상선기능저하증 등 내분비 질환에 걸리는 경우 기초대사 에너지가 저하합니다. 증상은 알아차리기 어려우며 왠지 원기가 없거나 얼굴에 패기가 없는 것 등이 발병의 신호가 됩니다.

05 부신피질기능항진증(호르몬 질환)

부신피질기능항진증, 일명 쿠싱증후군은 신장 가까이에 있는 부신이라는 내분비샘이 지나치게 많이 활동하고 있는 상태입니다. 증상은 음료수량 또는 소변량이 증가하거나 근육이 감소해 배가 볼록하게 나옵니다.

06 기타
비만 이외에도 임신이나 배에 물이 차게 되는 질환에 걸렸을 때에도 살이 쪄 보입니다.

◈ 응급처치

01 체중을 잰다(모두)
살이 쪘는지 안 쪘는지를 판단하기 위해서 우선 체중을 재보기 바랍니다. 눈으로는 살이 찐 것처럼 보여도 실제로는 체중 변화가 없을 수도 있습니다. 비만 체형의 판단 방법은 여러 가지가 있으나, 가정에서 손쉽게 알 수 있는 방법으로 갈비뼈가 만져지는가 몸에 잘록한 곳이 있는가 등으로 판단할 수 있습니다. 정확한 것은 병원에 데려갔을 때 적정 체형을 알려 달라고 하는 것이 좋습니다.

02 식사량을 잰다(모두)
식사량을 측정하기 바랍니다. 가능하다면 그릇을 어림잡아서 대충 측정하는 방법이 아니라, 확실하게 몇 그램이라고 양을 표시하는 방법으로 해야 합니다. 시중에서 판매되고 있는 반려견용 사료에는 대부분 포장 봉투 뒷면에 적정 식사량이 기재되어 있습니다. 적정 식사량보다 지나치게 많은 음식을 주고 있지 않은지 확인해 보세요. 식사뿐만 아니라 간식도 섭취 칼로리가 되므로 합산해서 측정하기 바랍니다.

03 운동량을 늘린다 (01, 02, 03)

단순히 운동량이 부족한 것일 가능성도 있습니다. 운동량을 늘리기 바랍니다. 적정한 운동량은 체중 10kg의 반려견일 경우 약 10~20분 동안 1일 2회, 이동거리 1~2km 정도입니다. 그러나 이 기준은 반려견의 종류, 나이, 체격 등에 따라 다르며 달리는지 걷는지 등의 운동 상황에 따라서도 다르므로 반려견이 1회의 산책으로 피로를 느끼고 있다고 보이면 그것이 적당한 운동량이라고 할 수 있습니다.

04 식사량을 줄인다 (01, 02, 03, 04, 05)

통상 80% 정도의 양으로 줄여서 경과를 보도록 합니다.

05 호전되지 않을 때는 병원에 데려간다 (04, 05)

앞에서 말한 내용을 실시해도 체중에 변화가 없다면 질병이 숨겨져 있을 가능성이 있습니다. 서둘러 병원에 데려가기 바랍니다.

06 임신이 의심되는 경우는 운동량을 늘리지 않는다 (06)

임신인 경우는 젖샘이 확장되거나 식욕이 증감하는 등 몸 컨디션의 변화도 나타나므로 운동량을 늘리기에 앞서 병원 진료를 받아볼 것을 권합니다.

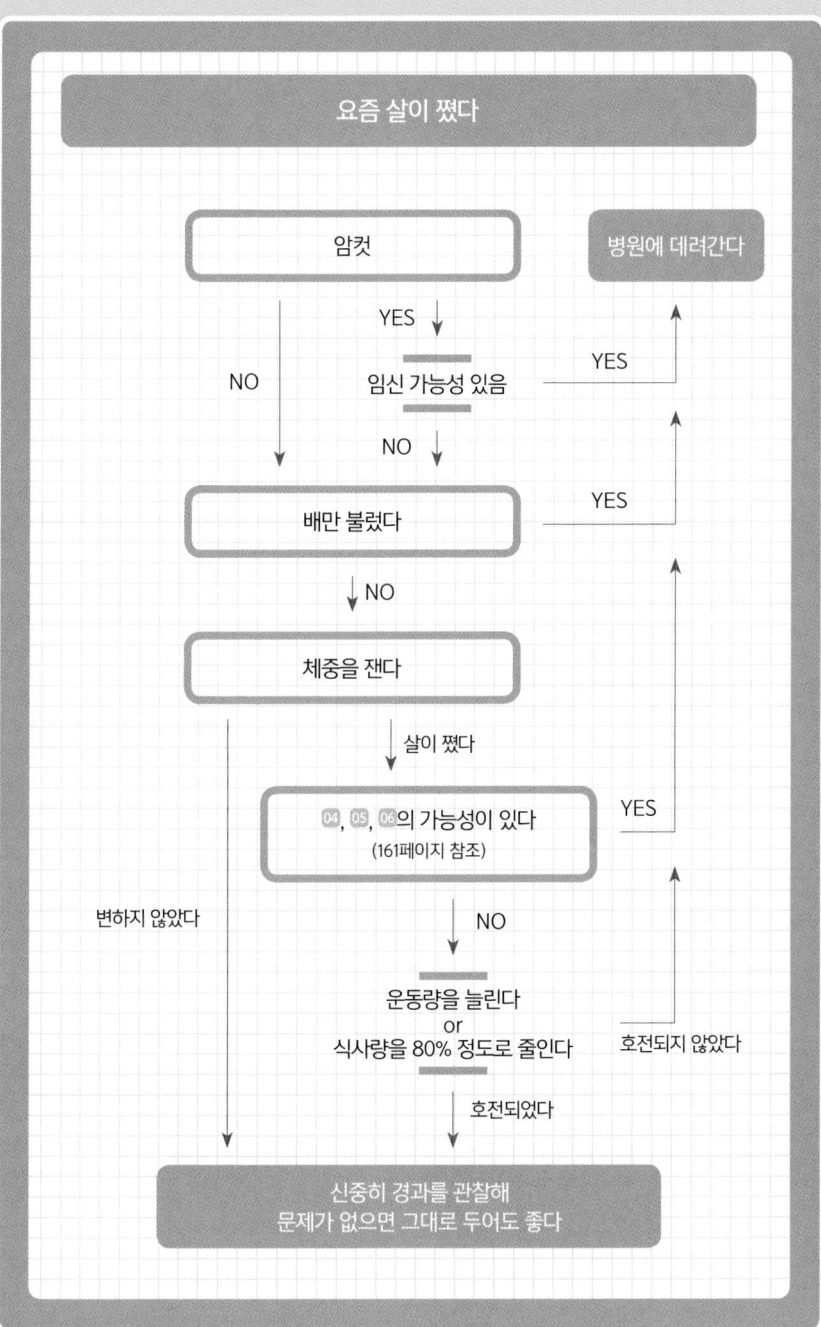

서른. 요즘 야위었다

◆ 주된 증상과 원인

살이 찌는 경우와 마찬가지로 섭취 칼로리와 소비 칼로리의 변동으로 야위게 됩니다. 일반적으로 살이 찌는 것보다 야위는 것을 더 걱정하게 됩니다. 급격한 체중 감소는 그 자체로 몸의 부담이 될 수 있습니다. 살이 빠지는 원인에는 다음과 같은 것이 있습니다.

01 섭취 칼로리의 감소

식사를 충분히 하고 있어도 충분한 양의 칼로리를 섭취하지 못한다면 당연히 야위게 됩니다. 여느 때와 마찬가지로 식사를 잘 먹고 있는데도 야위어 간다면 질병일 가능성이 있습니다. 또한, 음식물을 아예 먹지 않는 것도 질병일 수 있습니다.

02 소비 칼로리의 증가

생활환경의 변화로 체중이 증감하는 경우가 있습니다. 산책하는 횟수의 증가나 동거하는 반려견과 노는 시간이 늘어남으로써 소비 칼로리가 증가하는 경우도 있습니다.

03 노화로 인한 음식물의 대사나 흡수 문제

영양은 장으로부터 흡수하는데 노화로 인해 흡수가 잘되지 않아 섭취한 음식물을 흡수하지 못하는 경우가 있습니다. 그 원인에는 단순한 노화현상은 물론, 질병도 존재합니다.

04 소화기 질환 등

소화관(소장)이나 췌장에 질병이 생기면 흡수 불량이 일어나 충분한 양의 칼로리가 흡수되지 않음으로써 야위게 되는 경우가 있습니다. 증상으로 구토나 설사를 많이 합니다. 그러나 만성 경과인 경우 구토나 설사를 동반하지 않고 서서히 체중만 감소할 수도 있습니다. 최근에 진단이 많아진 만성장증이나 만성췌장염 등은 이와 같은 증상으로 발견되기도 합니다.

05 말기에 나타나는 증상

신 질환 또는 내분비 질환, 종양성 질환에 걸리게 되면 체중이 감소합니다. 이때 식욕 자체가 저하하는 경우가 많으나 초기에는 원기가 없다든가 야위어 가는 증상만 나타날 수 있습니다(신 질환 또는 내분비 질환 등은 음료수량이나 소변량으로 증세를 알게 되는 경우가 있습니다. 그러나 대부분 명확한 증상이 나타났을 때는 이미 증세가 상당히 진행된 상태입니다).

◆ 응급처치

01 체중을 측정한다(모두)

먼저 체중을 측정하기 바랍니다. 야윈 것 같이 느껴도 실제로는 체중이 변하지 않았을 수도 있습니다. 체중에 변화가 없고 근육량도 감소하지 않았다면 크게 걱정하지 않아도 됩니다.

02 식사량을 잰다(모두)

식사량을 측정하기 바랍니다. 정확히 사료를 몇 그램 먹고 있는가 현재 하루에 몇 칼로리를 섭취하고 있는가를 계측할 필요가 있습니다(대개의 사료에는 칼로리 수가 기록되어 있습니다). 섭취 칼로리가 부족하다면 체중 측정을 하면서 식사량을 조정합니다. 다만, 칼로리양의 계산을 잘못하게 되면 안 되므로 수의사와 상담할 것을 권합니다.

03 고령인 경우 시니어 푸드 또는 고소화성 푸드 (사료)로 바꾼다(03)

노화에 따라 소화관 자체의 활동이 나빠져서 젊을 때보다 충분한 영양을 흡수하지 못하는 경우도 있습니다. 시니어용의 사료로 바꾸거나 고소화성의 사료로 바꾸면 체중이 증가할 수 있습니다.

04 식사 조절로 호전되지 않으면 반드시 병원에 데려간다(모두)

앞에서 말한 응급처치를 하였으나 호전되지 않는다면 질병일 가능성이 있습니다. 특히 특별한 운동도 하지 않고 평소처럼 음식물을 주고 있는데도 분명히 야위어 가는 경우에는 소화기 질환 또는 신 질환, 내분비 질환, 종양성 질환 등일 가능성이 높으므로 빨리 병원에 데려가서 진료받기를 권합니다.

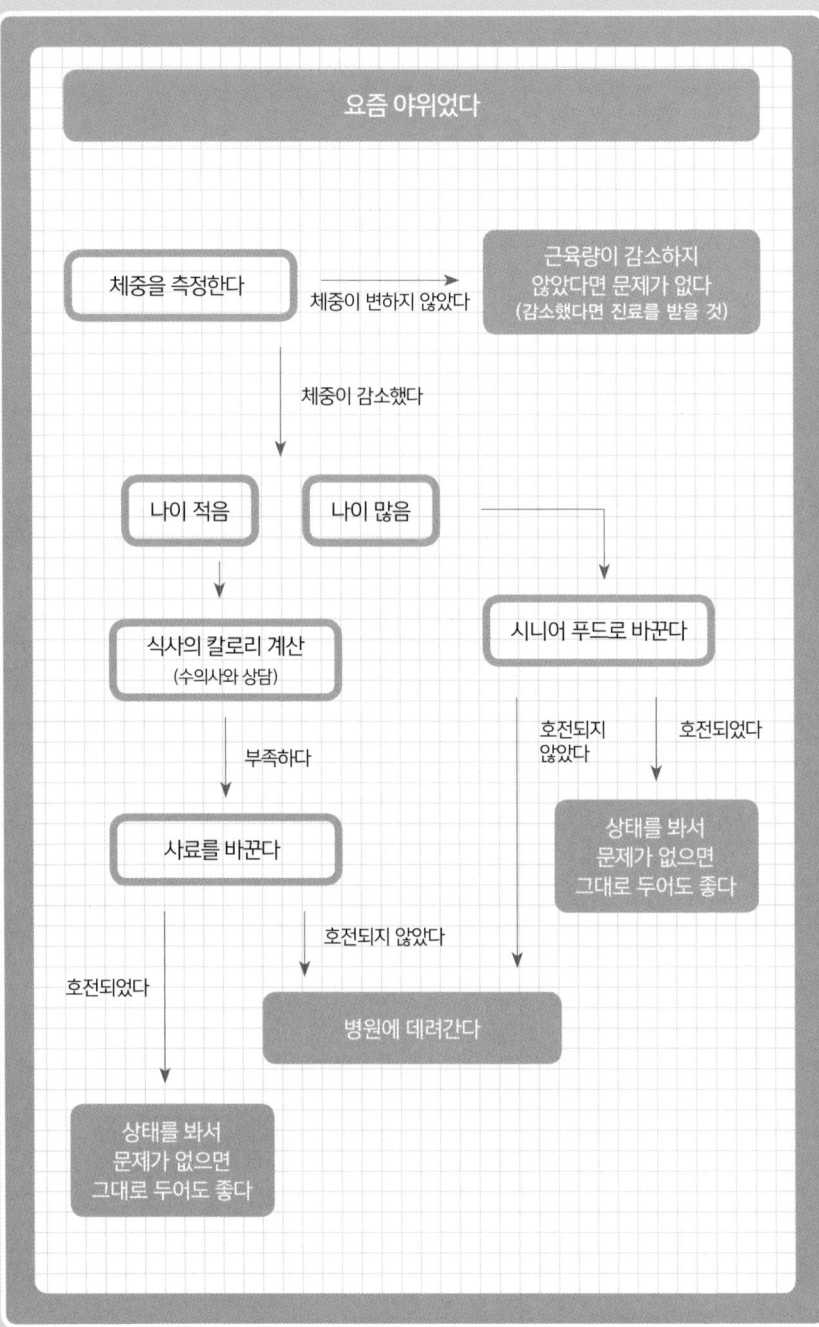

서른하나. 식욕이 없다 (원기가 없다)

◆ 주된 증상과 원인

식욕이 없는 증상의 원인은 여러 가지가 있습니다. 식욕이 없고 원기가 없다면 가장 먼저 생각하게 되는 것은 몸 컨디션의 부조입니다. 결론부터 말한다면 이런 경우는 "병원에 데려가서 진료를 받으세요"라고 할 수밖에 없습니다. 왜냐하면 몸의 어딘가에 이상이 있어도 식욕 부진이 일어날 수 있기 때문입니다. 다만 반려견이 강아지인 경우는 스스로 먹는 것을 조절할 수 없으므로 아프지 않아도 식욕 부진이 일어날 수 있습니다. 예를 들면, 원기도 없고 식욕도 없다면 이미 저혈당에 빠져 있는 경우가 있습니다. 혼자서 지나치게 많이 놀다가 에너지를 과도하게 소비한 결과 원기가 없어진 상태입니다.

01 기호 음식물

강아지 때부터 맛있는 음식이나 간식, 반려인이 손수 만든 음식을 먹고 있는 반려견에게서 일어납니다. 영양 밸런스가 무너져 몸의 컨디션을 파괴하는 경우도 흔히 있습니다.

02 스트레스에 의한 영향

병적인 원인이 아닌 환경의 변화로 식욕이 떨어질 수도 있습니다. 또한, 식욕 부진과 함께 설사나 구토를 동반하는 경우도 흔합니다.

◆ 응급처치

01 강아지는 꿀이나 설탕물을 마시게 한다

반려견이 강아지라면 꿀이나 설탕물을 마시게 합니다. 섭취 방법은 마실 것을 입 앞에 가져가 혀를 내밀어 핥아서 먹게 하면 됩니다.

02 사료를 바꾼다(모두)

사료를 바꾸기 전에 우선 현재 먹이고 있는 사료를 데워 주거나 따뜻한 물로 불려 주기 바랍니다. 냄새가 강해짐으로써 식욕이 생기는 경우도 있습니다. 그렇게 해서도 안 된다면 사료를 바꿉니다. 여러 번 되풀이하는 것은 권장할 수 없지만, 지금의 사료를 정말 싫어해서 못 먹는가를 테스트하는 것입니다.

03 스트레스 가능성이 있는 것을 차단한다(모두)

스트레스를 받을 가능성이 있는 것을 차단하고 반려견의 상태를 지켜보기 바랍니다.

04 호전되지 않을 때는 병원에 데려간다(모두)

앞에 말한 내용을 시도해 보아도 식욕이 계속 없는 경우에는 질병일 가능성이 있으므로 서둘러 병원에 데려가서 진료를 받아야 합니다.

05 24시간 이상의 절식 상태라면 병원에 데려간다 (모두)

가령 질병이 아니어도 3일 이상의 절식 상태라면 장에 어떤 장애가 일어나고 있다는 보고가 있습니다. 신체의 부담을 고려해 절식이 24시간 이상 계속되면 서둘러 병원에 데려가서 진료를 받기 바랍니다.

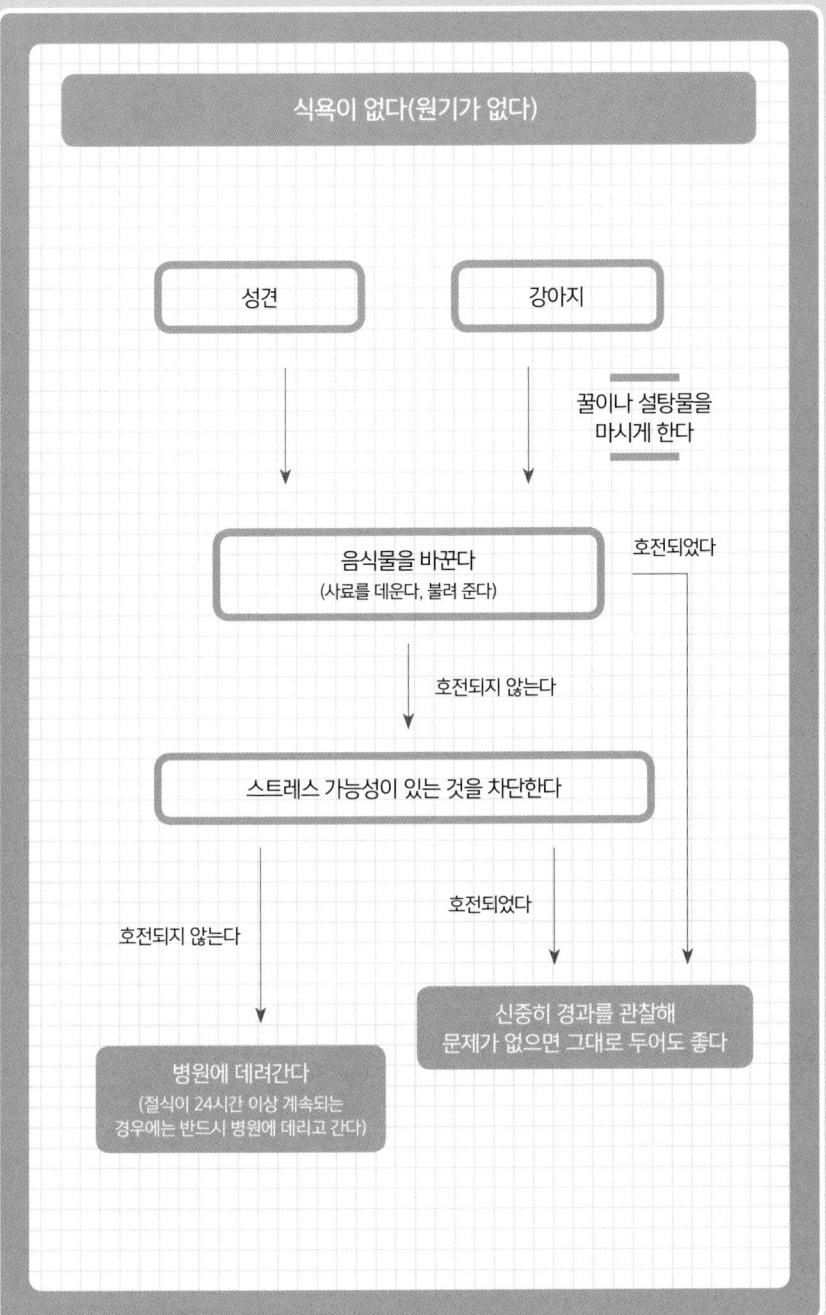

서른둘. 물을 많이 마신다

◆ 주된 증상과 원인

사람과 마찬가지로 반려견도 물을 마신다는 것은 몸의 갈증(탈수)을 해소하기 위한 본능적인 것입니다. 물을 많이 마신다는 것은 몸에 탈수가 일어나지 않게 막는다는 뜻입니다. 이러한 음료수량의 증가의 원인은 여러 가지가 있으나, 대체로 생리적인 경우와 병적인 경우 두 가지로 나눌 수 있습니다. 각각의 주된 증상과 원인에 대해 설명합니다.

[생리적인 경우]

01 기온 상승으로 오는 현상

*₁ 기온이 높은 날은 일반적으로 음료수량이 증가합니다.

02 식사나 간식의 영향

반려견도 사람과 마찬가지로 염분, 이른바 맛이 진한 것을 먹으면 수분섭취량이 증가합니다.

*₁ 반려견은 땀을 흘리는 양이 적으며, 사람과 비교해 열이 잘 발산되지 않는 만큼 열중증(더위 먹음)에 걸리기 쉽습니다.(다만, 땀을 흘리는 양이 적기는 하지만, 여름에는 겨울에 비해 체내에서 열을 더 많이 내기 때문에 발산되는 양이 증가합니다). 더운 날에 음료수량이 적으면 탈수증을 일으키므로 가급적 많은 수분을 섭취시켜야 합니다.

[병적인 경우]

03 잘못 먹음
섭취해서는 안 되는 초콜릿이나 약품 등 중독성 물질을 어떤 원인으로 섭취했을 때 음료수량이 증가합니다.

04 신장병
만성신장장애 등의 신 질환에 걸리면 소변량이 증가합니다. 신장은 요소와 같은 몸에 좋지 않은 것을 농축해 소변으로 배출하는 장기입니다. 신 기능이 저하하면 농축이 불충분해지고 연한 소변을 다량으로 배출함으로써 음료수량을 증가시켜서 몸의 밸런스를 유지하게 됩니다.

05 호르몬 질환
당뇨병이나 쿠싱증후군 등의 내분비 질환에 걸린 경우 음료수량은 현저히 증가합니다. 당뇨병에 걸리면 원래 배출되면 안 되는 당이 소변으로 나오게 되어 삼투압이 변하고 소변량이 증가합니다. 쿠싱증후군은 *$_2$부신이 지나치게 많이 활동함으로써 소변량이 증가하고 결과적으로 수분섭취량이 증가하게 됩니다.

---

*$_2$부신 : 혈압 또는 순환 혈액량을 조절하는 호르몬 분비를 담당하는 장기

06 자궁 질환

자궁농축증이라 불리는 질환에 걸렸을 때도 음료수량이 증가합니다. 피임을 하지 않은 암컷(일반적으로 노견이 많음)의 자궁 안에 세균감염을 동반하는 고름이 차게 되어 일어나는 중증의 감염 질환입니다. 체내에 세균이 들어온 것만으로는 감염을 일으키지 않지만, 발정과 같은 호르몬 밸런스의 변화로 감염이 되는 경우가 있습니다. 자궁 내의 세균이 배출하는 독소에 의해 신장이 영향을 받아 소변량이 증가합니다.

07 기타

그 밖에도 음료수량이 증가하는 질환은 많이 있습니다. 원인은 여러 가지지만, 음료수량과 소변량이 증가하는 것은 어떤 질병의 신호입니다.

◆ 응급처치

01 몸에 열이 날 때는 시원한 곳으로 이동한다(모두)

몸에 열이 나거나 환경이 더운 경우에는 먼저 통풍이 좋은 시원한 곳으로 옮겨 주기 바랍니다.

02 음료수량과 소변량을 잰다(모두)

응급 증상이 없을 때는 하루의 음료수량과 소변량을 측정해 보세요(263페이지 참조). 다음다뇨의 증상이 분명히 나타나면 병원에 데려가야 합니다.

03 먹은 것을 확인한다(03)

먼저 무엇을 잘못 먹었는지 확인하기 바랍니다. 먹은 시간이 한 시간 이내면 서둘러 병원에 데려가서 응급처치해야 합니다. 물을 먹고 싶어 해도 한 시간 이내면 물을 주지 말고 진료를 받아야 합니다. 하지만 언제 먹었는지 모른다면 물을 주세요.

04 소변을 지참하고 병원에 데려간다(모두)

병원에서 소변검사를 하기 바랍니다. 아침에 가장 먼저 배설한 소변의 색깔이 연한 경우에는 그것만으로도 소변량의 증가를 의심할 수 있습니다.

[진료 받을 때]

그저 물을 많이 마실 뿐이라고 생각해 별로 신경을 쓰지 않는 반려인도 있지만, 그중에는 자궁축농증과 같은 긴급한 수술을 해야 하는 경우도 있습니다. 그러므로 음료수량이 증가했다는 것을 알았다면 서둘러 병원에 데려갈 것을 권합니다.

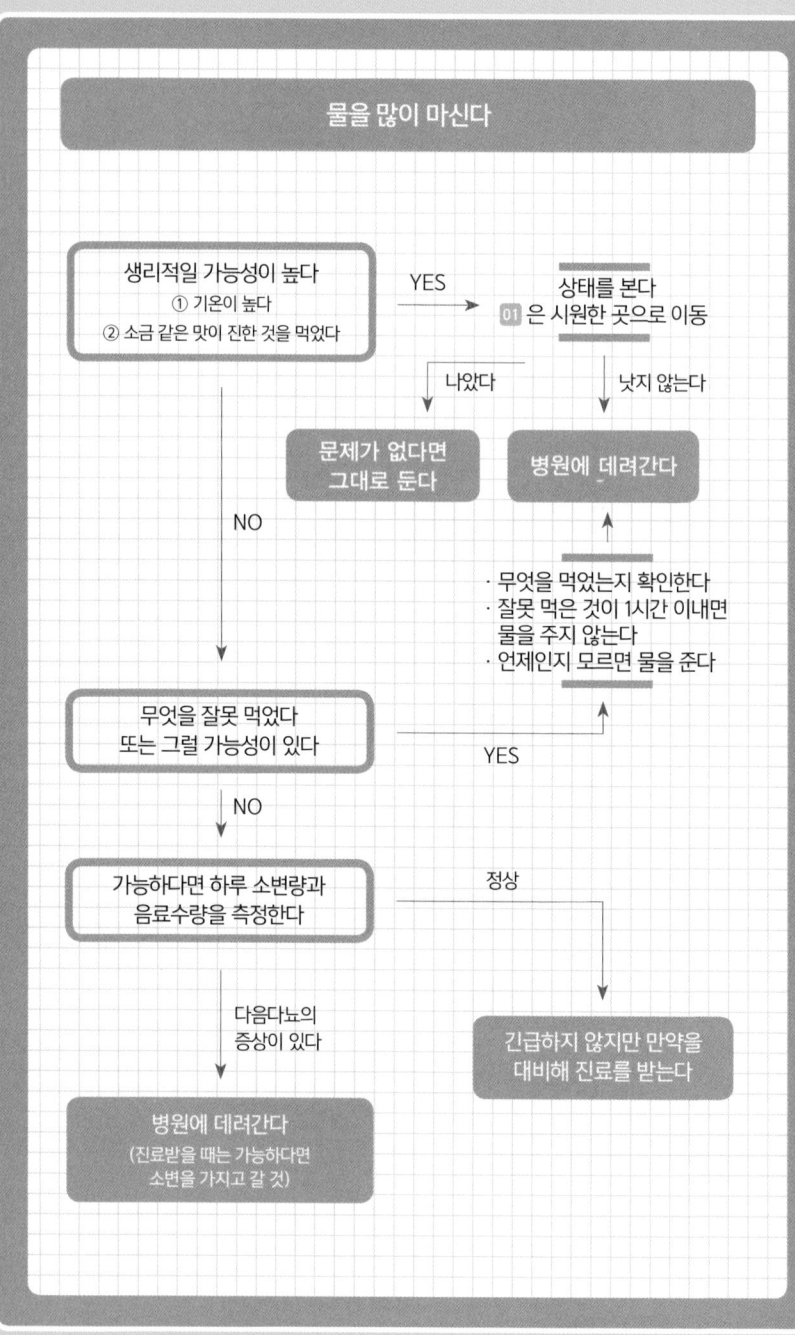

제4장

순환기

서른셋. 기침을 한다

◆ 주된 증상과 원인

기침은 목구멍에서 소리가 나는 상태입니다. 보통 재채기를 기침과 혼동하는 경우가 있습니다. 재채기는 코끝에서 울려 나옵니다. 그리고 단두종(불독, 치와와, 퍼그 등) 반려견은 평소 코에서 식식거리는 소리를 내고 있어서 기침을 하는지 잘 알 수 없는 경우도 있으므로 평상시의 호흡 상태를 확인할 필요가 있습니다.

또한, 단두종이나 소형견은 갑자기 호흡이 곤란하여 코와 목구멍 사이에서 호흡을 들이마실 때 이상한 소리를 내는(호흡곤란) 경우도 있습니다.

그렇다면 기침은 어떤 것일까요. 기침의 정의는 '기도 점막이 자극을 받아 반사적으로 일어나는 급격한 날숨 운동'이라 되어 있는데, 구조적인 문제로 생리상 나올 수 있지만 어떤 알지 못하는 질병과 연관되어서 하는 경우도 있습니다. 기침의 주된 증상과 원인을 알아보겠습니다.

01 기관
선천적인 기관허탈 또는 협착, 기관지의 감염, 기관 내 이물 등에 의해 호흡 통로인 기관의 이상으로 기침을 하게 됩니다.

02 폐
폐렴을 일으키는 세균이나 진균, 기생충 등의 감염, 종양이나 가슴앓이병(가슴쓰림) 등에 의한 흉수가 원인으로 기침이 일어납니다.

03 심장병
심장이 확대되어 호흡 통로인 기관이 압박을 받는 경우와 순환부전에 의해 심장에 되돌아가지 못하는 혈액이 폐에 머무는 폐수종으로 인해 기침이 나옵니다.

04 단두종 증후군
불독 또는 퍼그, 프렌치 불독 등 코가 짧은 견종은 태어나면서부터 외비공 협착, 후두의 이상, 기도의 이상 등을 지니게 되어 증상이 나타납니다.

05 인두 후두염
목구멍의 염증이나 종양 등 자극에 의해 기침을 하게 됩니다.

06 알레르기
반려견에게 알레르기는 피부 증상으로 일반적이지만, 꽃가루 등의 환경 알레르겐은 호흡기 증상으로 기침을 동반하는 경우가 있습니다.

07 잘못 먹음
식도로 들어가야 할 음식물이 기관에 들어감으로써 식도나 폐 등에 염증을 일으킵니다.

08 심장사상충증
심장에 기생하는 벌레의 죽은 사체가 폐를 막음으로써 기침 증상을 일으킵니다.

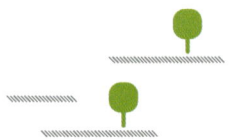

◈ 응급처치

01 기침인지 아닌지를 확인한다(모두)
먼저 기침인지 아닌지에 대한 판단을 확실히 할 필요가 있습니다. 기침인지의 여부를 잘 모를 경우 동영상을 촬영하여 수의사에게 보여 주고 확인할 것을 권합니다.

02 호흡을 조절한다(모두)
기침을 할 때는 호흡을 조절해 주는 것이 모든 경우에 있어서 중요합니다. 반려견을 안아 준다든가 물이나 간식을 준다든가 장소를 이동시켜 주도록 합니다. 그렇게 해서도 호전이 안 될 때는 목이 막히는 데서 오는 일시적인 증상이라기보다는 질병일 가능성이 있습니다. 즉시 병원에 데려가야 합니다.

03 체온을 잰다(모두)

체온을 측정하고 발열이 있으면 서둘러 진료를 받기 바랍니다.

04 지병을 알고 있으면 산소를 마시게 한다
(01, 03, 04, 06)

지병을 알고 있는 경우에는 가정에 휴대산소를 많이 준비하고 있을 것입니다. 산소를 마시게 함으로써 호전될 수도 있으나, 원인을 모를 때는 서둘러 진료받아야 합니다.

05 단두종은 경과를 관찰한다(모두)

반려견이 단두종인 경우는 가벼운 증상이라면 별 문제가 없으므로 경과를 관찰해도 좋지만, 평소보다 기침이 심하다면 서둘러 진료를 받아야 합니다.

06 입을 벌려 입안을 확인한다(모두)

입안에 이물이 막혀 기침을 할 가능성도 있습니다. 입을 벌려서 막혀 있는 것이 있다면 제거하세요. 그러나 기본적으로는 인두후두 부분, 즉 목구멍은 입을 벌려도 보이지 않으므로 이물을 발견하지 못합니다. 입안에 아무것도 보이지 않는데 기침이 계속된다면 병원에 데려가야 합니다.

07 음식물이나 수분을 섭취시켜 본다(모두)

음식물이나 수분을 섭취시켜 보고 그래도 기침이 나온다면 진료를 받기 바랍니다.

08 실내 공기를 깨끗이 한다(06)

일과성의 알레르기 증상이라면 곧 낫습니다. 가습기, 공기청정기나 청소기 등을 사용해 실내를 깨끗하게 해주세요.

09 고령견이나 잠을 많이 자는 반려견은 즉시 병원에 데려간다(07)

수분을 조금 잘못 들이켜 목이 막히는 정도라면 곧 괜찮아집니다. 그러나 고령이거나 잠을 많이 자는 반려견일 경우 생명에 관계될 위험성이 있으므로 기관을 구부러지게 하지 말고 서둘러 병원에 데려가야 합니다. 또한, 후두의 이상으로 음식물이 기관이나 폐에 들어갔을 때도 위험합니다. 즉시 병원에 데려가야 합니다.

10 심장사상충 예방접종 유무를 확인한다(08)

심장사상충이 기생하여 증상이 나타나는 것은 장기적으로 심장사상충에 감염된 경우가 대부분입니다. 특히 기온이 높은 지방이나 심장사상충 예방접종을 하지 않았을 때에 감염 가능성이 높습니다. 이때는 약을 사용하거나 수술을 할 필요가 있으므로 진료를 받아야 합니다.

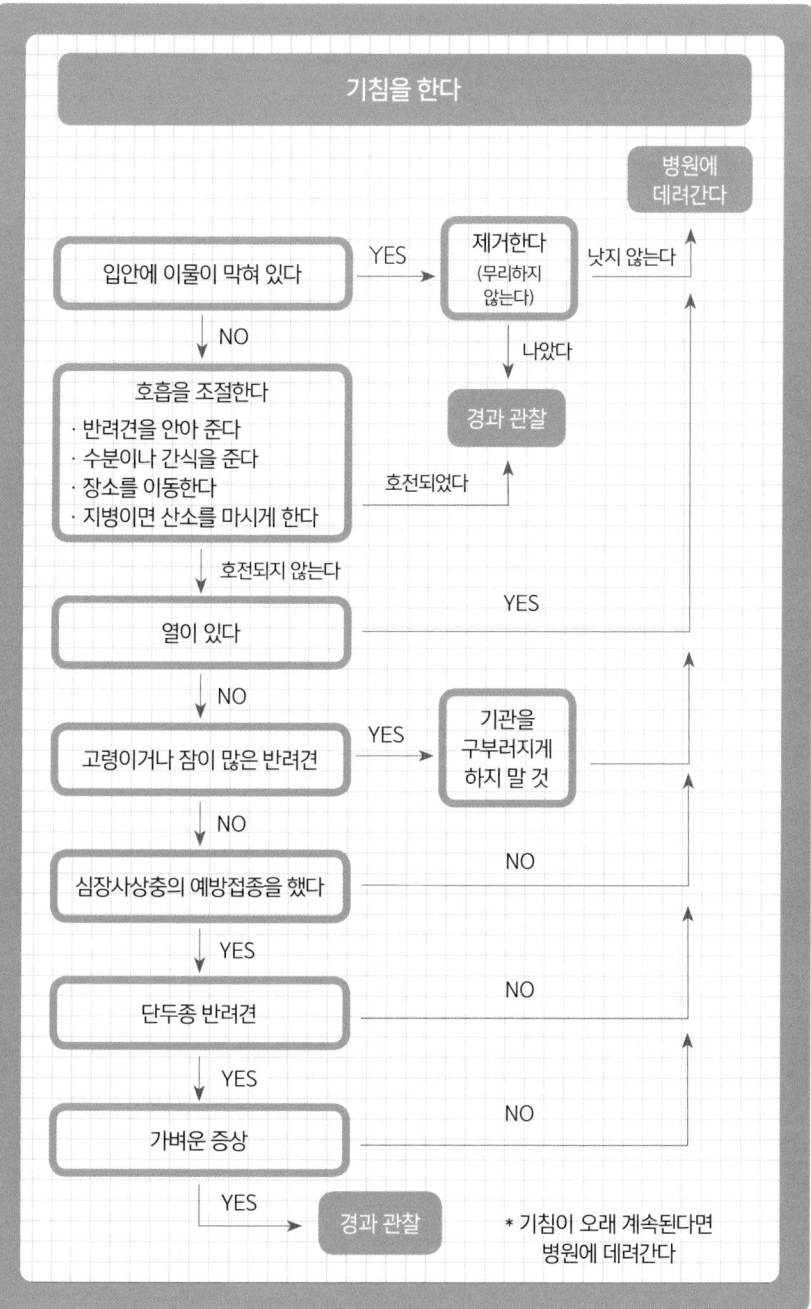

서른넷. 호흡이 빠르다 (혀를 내밀고 있다, 입을 벌리고 호흡한다, 괴로워한다)

◆ 주된 증상과 원인

반려견은 안정시 1분간 평균 18~25회 정도의 호흡을 합니다. 물론 흥분하거나 운동 후에 호흡수가 증가하는 것은 정상이며, 개체마다 차이는 있으나 보통 때보다 분명히 호흡이 빠르고 횟수가 많을 때는 상처나 질병일 가능성이 있습니다(퍼그나 불독 등의 단두종과 중·대형견은 흥분을 잘하여 갑자기 호흡수가 증가하거나 개구호흡을 하는 경우가 있는데, 이것을 이상이 생겼다고 잘못 판단할 수도 있으므로 주의가 필요합니다). 반려견의 호흡이 빨라진 주된 원인은 다음과 같습니다.

01 호흡기의 이상

목구멍에서부터 인두후두, 기관지, 폐 등의 호흡기에 이상이 있을 경우에 호흡이 빨라집니다. 원인으로는 바이러스, 세균, 진균, 기생충 등의 감염증, 알레르기, 이물, 종양 등이 있습니다. 또한, 선천적인 이상 증세로 인한 구조적인 문제로 호흡이 빨라질 수도 있습니다.

02 열중증(더위 먹음)

처음에는 호흡이 거칠고 침을 흘리다가 점차 나른해져 갑니다. 그런 다음 쓰러져서 움직이지 못하거나 구토를 하는 등의 소화기 증상까지 동반하다가 최악의 경우 목숨을 잃게 됩니다.

03 통증

상처나 외상에 의한 통증, 췌장염이나 설사 등에 의한 복부 통증, 척추나 관절의 통증 등 어떤 통증이 있을 때 호흡이 빨라집니다.

04 심장병

반려견은 판막 질환이 많고 또 견종에 따라 여러 가지 원인이 있습니다. 그리고 순환부전이 생긴 결과 2차적으로 흉수나 폐수종 등과 같은 중증 상태가 되어 있을 가능성도 있습니다. 또한, 필라리아증 감염이나 선천적 이상에 의한 것도 있습니다.

05 발열

자궁축농증과 같은 감염증이 일어나면 몸이 뜨거워져 몸에서 열을 발산하기 위해 호흡이 거칠어집니다. 다발성 관절염과 같은 염증으로도 발열이 생깁니다.

06 혈액 등 체액의 이상

산소는 혈액으로 운반됩니다. 혈액이 적은 탈수나 적혈구가 적은 빈혈이 일어남으로써 호흡이 빨라지는 경우가 있습니다.

07 신경 질환

뇌의 이상 또는 간질병 등을 지병으로 인해 발작을 일으키는 전조증상 또는 증상 후에 나타나는 경우도 있습니다.

◆ 응급처치

01 호흡수를 측정한다(모두)

호흡의 변화를 감지하기 위해서는 건강한 상태일 때 반려견의 호흡 상태와 호흡수를 알아둘 필요가 있습니다. 평상시 호흡수를 모른다면 이상이 있는지 없는지를 판단할 수 없기 때문입니다. 먼저 반려견의 호흡수를 측정해 봅시다. 호흡수는 반드시 안정적일 때 또는 수면시의 호흡을 잽니다. 방법은 15초의 호흡수를 세어(가슴의 움직임을 보고 카운트합니다) 그것을 4배로 곱하여 1분간 호흡수를 계산합니다. 이런 계산으로 나온 횟수가 반려견의 정상적인 호흡수가 됩니다. 따라서 평상시에 측정한 호흡수보다 많은 경우에는 이상이 있는 수치라 볼 수 있습니다. 이럴 때는 가능한 빨리 병원에 데려가야 합니다(반려견은 보통 가슴으로 호흡합니다. 그러나 배로 복식호흡을 하는 경우에는 어떤 이상이 있는 것입니다).

02 혀의 색깔을 확인한다(모두)

호흡 외에도 혀의 색깔도 주의해서 보기 바랍니다. 보통은 핑크색을 띠고 있으나 호흡곤란이 되면 보라색이 되는 경우가 있습니다. 이런 증상은 중증이므로 즉시 병원에 데려가서 진료를 받아야 합니다.

03 입안을 확인한다(모두)

입을 벌리고 막혀 있는 것이 있으면 제거합니다. 눈으로 확인했을 때 이상이 없으면 수분을 섭취시켜 주세요. 이물이 증상의 원인이라면 즉시 호전될 수도 있습니다.

04 열중증이 의심되면 수분을 섭취시킨다(02)

호흡이 빠른 것 외에 몸이 뜨거우면 열중증일 가능성이 있습니다. 수분을 충분히 섭취시키고 통풍이 잘되는 시원한 곳으로 옮겨 줍니다. 그리고 가급적 몸을 차게 해야 합니다.

05 통증이 있으면 즉시 병원에 데려간다(03)

어디가 아픈지 만져서 아는 경우와 만져도 모르는 경우가 있는데, 아무튼 통증을 호소하면 증상이 심각한 경우가 많으므로 서둘러 진료를 받아야 합니다.

06 심장병 등의 지병은 산소를 마시게 한다(04)

심장병 등의 지병이 있다는 것을 이미 알고 있는 경우에는 많은 가정이 산소를 준비하고 있습니다. 산소를 마시게 해서 호전될 수도 있으나 그 외 다른 증상이 있다면 서둘러 진료받기를 권합니다.

07 발열할 때는 타월로 싼 아이스팩으로 몸을 식혀 준다(02, 05)

발열의 원인은 감염 또는 열중증, 염증 등 여러 가지입니다. 반려견의 몸을 만져보고 열이 있다고 느껴지면 체온을 측정해보기 바랍니다. 정상이라면 37.5~39℃ 전반으로 39.5℃를 넘을 때는 열중증일 가능성이 있으므로 타월로 싼 아이스팩으로 허벅지나 겨드랑이 밑, 목 뒤 등을 식혀주기 바랍니다.

08 혀의 색깔이 흰색일 때는 즉시 병원에 데려간다 (06)

혀나 점막의 색깔이 흰 경우에는 빈혈일 우려가 있습니다. 이럴 때는 서둘러 진료를 받아야 합니다.

09 신경 계통의 지병은 병원에서 약을 처방받는다 (07)

지병을 알고 있다면 특별히 대처할 필요는 없으며, 안정을 찾는 시점에 병원에 데려가서 약 처방을 받기 바랍니다. 그러나 원인을 특정할 수 없는 경우에는 서둘러 진료를 받기 바랍니다.

[진료를 받을 때]
호흡 이상은 위중한 케이스가 많습니다. 가정에서 상태를 마냥 보고 있는 것은 좋지 않습니다. 가능한 빨리 병원에 데려가서 진료를 받아야 합니다.

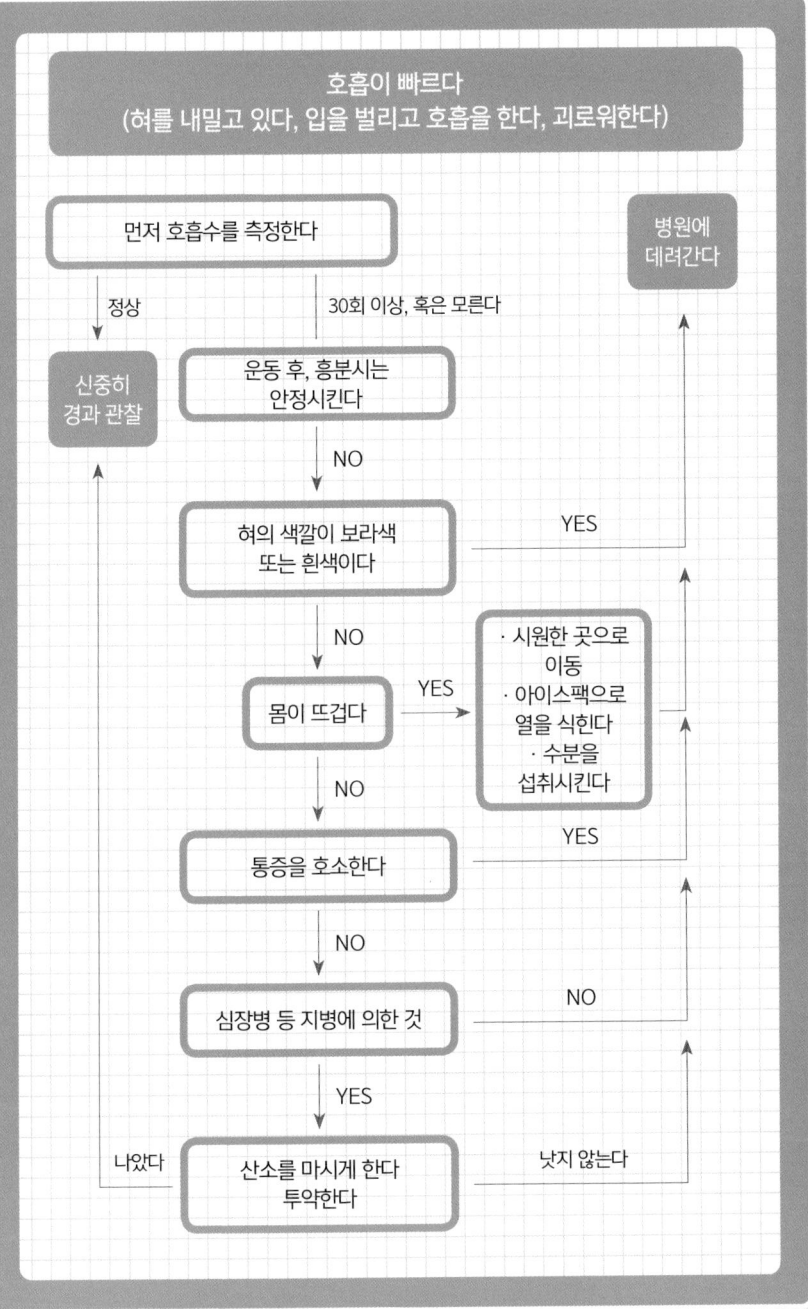

서른다섯. 혀나 점막의 색깔이 평소와 다르다

◆ **주된 증상과 원인**

혀나 점막의 색깔은 보통 핑크색이나 짙은 핑크색 또는 빨간색입니다(밖에서 볼 수 있는 점막을 가시점막이라고 합니다. 잘 관찰할 수 있는 가시점막은 안결막과 구강점막입니다). 그러나 몸의 컨디션이 안 좋으면 색깔은 흰색, 노란색, 보라색 등의 이상 증세를 띠게 됩니다.

여기서는 점막의 색깔에 따라 어떤 증상과 원인이 있는지를 알아보겠습니다(그러나 나이가 많아지면 구강점막에 색소가 침착하여 거무스름해지기 때문에 평가가 어려워지는 경우도 있습니다).

[흰색]

01 빈혈

통상보다도 적혈구가 적은, 이른바 빈혈의 상태입니다. 원인으로는 출혈과 혈액이 어떤 알지 못하는 원인으로 파괴되어 있거나 혈액을 만들지 못하는 경우입니다.

02 과도한 흥분

과도한 흥분 상태로 호흡이 제대로 되지 않을 가능성을 생각할 수 있습니다.

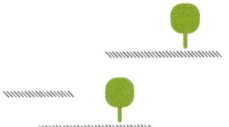

[노란색]

03 황달

색깔이 노란색이면 황달일 가능성이 높습니다. 황달이란 빌리루빈(담즙색소)이 혈액 중에 증가함으로써 일어납니다. 간장, 담낭, 용혈 등을 일으키는 질환이 있습니다.

[보라색]

04 혈중의 산소 농도의 저하

혈중의 산소 농도가 현저히 저하한 상태에서는 혀가 보라색으로 변합니다. 흥분 상태에서 호흡을 제대로 못하는 경우에도 보라색이 나타납니다.

05 **심장병의 의심**
혈액을 보내는 펌프의 역할을 하는 심장이 좋지 않아서 더이상 혈액을 보낼 수 없게 되어 순환부전이 된 상태에서 일어납니다.

06 **호흡기 질환의 의심**
기관이나 폐에 이상이 일어남으로써 산소를 원활히 흡입할 수 없게 되어 혈중의 산소가 저하할 가능성이 있습니다.

◆ **응급처치**

01 **다른 점막에 이상이 없는지 확인한다(모두)**
먼저 중요한 것은 안결막, 구강점막의 이상을 발견했을 때는 다른 점막에 이상이 있는가를 확인해야 합니다. 예를 들면 잇몸의 색깔이 평소 때와 다르면 눈 쪽을 살펴보는 것입니다.

02 **빈혈일 때는 즉시 병원에 데려간다(01)**
반려견에게 빈혈은 정도에 관계없이 아주 중증인 상태입니다. 서둘러 병원에 데려가서 진료를 받아야 합니다.

03 흥분 상태일 때는 안정시킨다(02, 04)

흥분 상태일 때는 어느 정도 안정시킨 다음 점막을 확인해 보기 바랍니다. 색깔이 붉으면 문제가 없습니다. 그러나 어떤 질병이 숨겨져 있을 수도 있으므로 검사는 필요합니다.

04 황달이 의심되면 피부를 확인한다(03)

노란색일 경우는 피부도 노랗게 되는 경우가 있으므로 확인해 보기 바랍니다. 이때도 위중한 케이스가 많으므로 서둘러 진료를 받아야 합니다.

05 심장병이 의심되면 우선 안정시킨다(05)

심장병이라도 상태가 매우 안 좋을 가능성이 있습니다. 어느 정도 안정을 시킨 다음이라도 좋으니 보라색일 경우는 서둘러 진료를 받아야 합니다.

06 호흡기 질환이 의심되면 물을 마시게 한다(06)

호흡기 질환이 의심되면 물을 마시게 합니다. 정도에 따라 다르기는 하지만 일시적일 가능성도 있습니다. 그러나 계속해서 보라색을 띠면 진료를 받기 바랍니다.

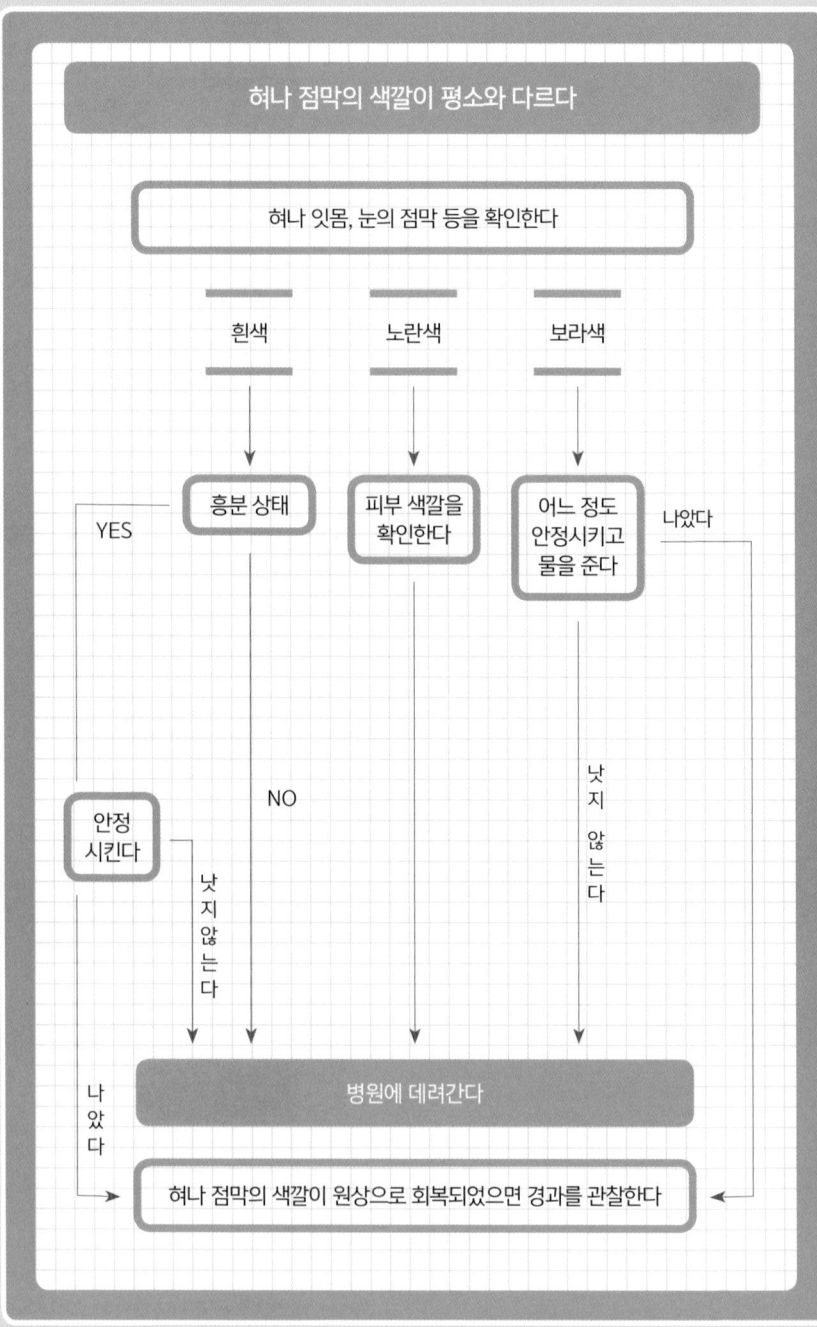

서른여섯. 안고 있을 때에 이상하게 심장이 뛴다 (맥박이 일정하지 않다)

◆ 주된 증상과 원인

반려견의 안정시 심박수는 평균 70~120회/분으로 상당한 격차가 있습니다. 견종에 따라서도 얼마간의 차이가 있습니다. 소형견은 120회/분에 가깝고 대형견은 70회/분에 가깝습니다. 그리고 안고 있거나 만지고 있을 때의 상황에 따라 심박수는 상당히 달라집니다. 단지 안고 있을 때의 심박수만이 아니라 당시의 환경이나 상황도 심박수 변화에 매우 중요한 요소가 됩니다. 그러나 심박수가 급격하게 변하는 것은 질병과 관련이 있을 수도 있으므로 평상시의 정상적인 심박수를 미리 파악해두는 것이 중요합니다[*1].

다음 페이지에서 심박수의 이상이 생기는 원인을 알아보겠습니다(심장의 박동이 흐트러지는 이른바 '부정맥'도 원인이 같으므로 여기에서 설명하겠습니다).

[*1] 다리의 연결 부위 안쪽에 있는 허벅지 동맥에 집게손가락, 가운뎃손가락, 약손가락 등 세 손가락을 대고 셉니다. 보통 반려견은 1분간을 가만히 참고 있지 못하므로 15초의 심박수를 4배로 하여 계측합니다.

01 흥분시, 운동 후

생리적인 현상입니다. 반려견은 흥분시에 심박수가 올라갑니다. 개체차는 있으나 심박수가 200회를 넘는 경우도 적지 않습니다. 반려견을 안고 있을 때 흥분하고 있다면 또 달라집니다.

02 심장병

심장병을 앓고 심장이 비대해진 경우는 안았을 때에 특히 가슴 부위를 만지게 되므로 심장이 두근거리는 것을 느낄 수 있습니다. 심장이 커져서 흉벽에 가까워지게 될 가능성도 있으며, 심장병의 진행과 더불어 심박수의 상승이나 맥박이 불규칙하게 되는 경우도 있습니다. 그러나 맥박의 불규칙은 반드시 이상 증세라고는 할 수 없습니다.

03 통증

통증으로 심박수가 상승해 평소보다 심장이 더 뛰고 있을 가능성이 있습니다. 다른 증상도 아울러 확인할 필요가 있습니다.

04 열

감염증이나 염증, 열중증(더위 먹음) 등으로 발열이 생긴 경우에는 심박수가 상승하고 가슴이 뛰고 있는 것처럼 느껴집니다.

05 너무 야위었다

흉벽이라 불리는 가슴 부위에 근육이나 지방이 없으면 심장의 고동을 크게 느끼는 경우가 있습니다.

◆ 응급처치

심장의 고동이 크다든가 빠르다든가 불규칙하다든가 하는 것을 알려면 평소 정상적인 심장의 상태를 파악해 두는 것이 중요합니다. 평상시에 반려견과 스킨십을 하고 안아 준다면 자연스럽게 심장의 변화를 알아차릴 수 있을 것입니다(다만 대형견을 안아 주는 경우는 별로 없으므로 비교적 소형견에 한정된다고 하겠습니다).

심장이 있는 곳은 겨드랑이 밑이므로 안아 줄 때 손이 닿는 곳이기도 합니다. 반려인 여러분도 지금 당장 사랑하는 반려견을 안아 보기 바랍니다.

이야기가 벗어났습니다만, **01**, **05** 는 정상 소견이며 가장 많은 것이 **01** 입니다. 질병으로는 **02** 의 원인이 가장 많습니다. 각각의 주의점과 응급처치는 다음과 같습니다.

|01| 환경인자를 확인하고 먼저 심박수를 체크한다 (모두)

우선 전체적으로 흥분 상태인지 아닌지, 스트레스를 받는 장소인지 아닌지를 확인합니다. 환경인자를 제거하고 확실히 안정되어 있는 상태에서 심박수를 세어 보기 바랍니다.

02 심장병이 의심되는 경우는 가슴을 압박하지 않도록 하고 시원한 곳으로 움직인다(02)

지병으로 심장병이 있는 경우에는 가슴을 압박함으로써 고통스러워하게 되므로 반려견을 받치고 있는 손의 위치를 바꾸어 주세요. 그리고 반려견을 시원하게 해줌으로써 상태가 안정될 수 있습니다. 또한, 심장병이 있는지 없는지 모르는 상태라도 우선 시원한 환경으로 바꾸어 주기 바랍니다. 그렇게 해도 심장의 상태가 달라지지 않는다면 진료를 받아야 합니다.

03 통증을 호소하는지 확인한다(03)

반려견이 통증을 호소하면 우선 안아 주는 것을 멈추고 어디가 아픈지 확인합니다. 아픈 곳은 반드시 반응하므로 통증이 있다는 것을 알게 된 단계에서 반드시 진료를 받으세요.

04 몸에 열이 있을 때는 식힌다(04)

몸이 뜨겁다고 느껴지면 우선 직장 온도를 측정하여 39.5°C 이상인 경우 물에 적신 타월을 몸에 대 주는 응급처치로 몸을 식혀 줍니다.

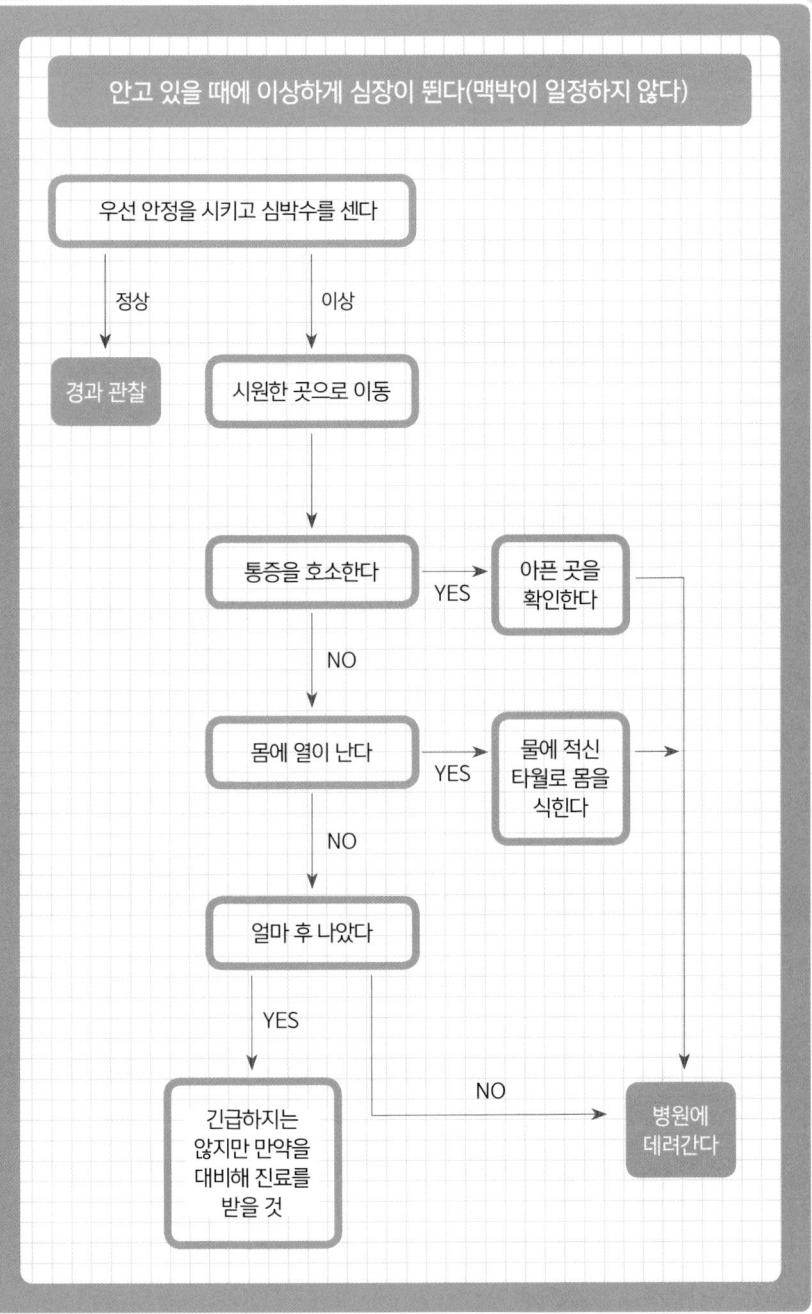

Column 칼럼

헌 스웨터로 멋진 '수술 후 케어복' 만들기

사랑스러운 반려견의 수술, 이것은 반려견에게나 반려인에게 있어서 너무나 걱정스러운 일입니다. 수술이 무사히 끝나면 가슴을 쓸어내리지만 그것도 잠시, 수술 후의 안정이라는 현실적인 문제가 남아 있습니다. 무사히 수술이 끝난 뒤 환부를 핥아서 상태를 악화시키지 않기 위해 대부분 엘리자베스칼라를 목에 착용시켜서 환부를 보호합니다.

재료 : 안 입는 울 100%의 스웨터, 빈 페트병, 미지근한 비눗물

만드는법

① 안 입는 스웨터의 소매 부분을 자른다

② 페트병에 잘라낸 소매 부분을 씌운다
(소매 입구가 목 부분이 됩니다)

③ 다리가 나오는 부분에 가위로 구멍을 뚫는다

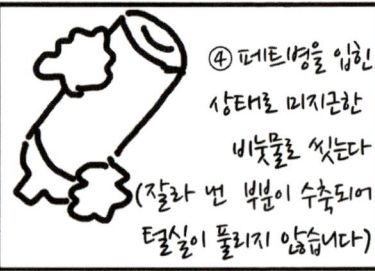
④ 페트병을 입힌 상태로 미지근한 비눗물로 씻는다
(잘라 낸 부분이 수축되어 털실이 풀리지 않습니다)

⑤ 말린다

완성!

엘리자베스칼라는 얼굴 주위에 둘러 주어서 입이 환부에 닿지 않도록 하기 위한 것입니다. 그러나 부자연스럽게 너무 큰 것은 반려견에게 오히려 스트레스를 줍니다. 마음대로 움직일 수 없어서 식욕 부진에 빠지거나 의기소침해지는 반려견도 있습니다. 그래서 소중한 우리 반려견을 위해 집에서 준비할 수 있는 재료로 간단히 수술 후에 입는 케어복을 만들어 보겠습니다. 반려견에게 케어복을 입히는 이유는, 옷을 입혀 몸을 감쌈으로써 상처를 핥지 못하도록 하는 것입니다. 발상의 전환이라고 하겠습니다. 예를 들어 복부를 수술한 경우는 신축이 자유로운 니트 소재를 사용하면 상처를 잘 보호할 수 있고 스트레스도 줄여 줄 수 있습니다. 수술 후 몸의 컨디션이 안 좋을 때 반려인의 애정이 깃든 수제 케어복을 만들어서 사랑하는 반려견에게 입힌 다음 꼭 안아 주세요.

원포인트
울 소재는 보온뿐만 아니라 항균, 방취 효과가 뛰어나기 때문에 수술 후에 입힐 옷의 적합한 소재입니다. 또한, 화학섬유와 달리 정전기가 잘 일어나지 않는 것도 장점입니다. 입지 않는 헌 스웨터를 이용하면 재료비도 들지 않으므로 경제적입니다.

피부

서른일곱. 비듬이 생겼다

◆ 주된 증상과 원인

비듬이란 신진대사의 결과 오래된 각질이 벗어져 떨어지는 것으로, 반려견도 사람과 동일하게 비듬이 생깁니다. 비듬이 생기는 원인은 병적인 것도 있지만 그렇지 않은 것도 있으며 여러 가지 원인이 있습니다. 반려견에게 비듬이 생기는 원인은 다음과 같습니다.

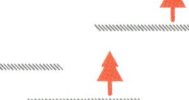

01 발톱진드기, 옴 등의 감염증
비듬 외에 부스럼 딱지나 탈모가 나타나는 경우가 있으며 심한 가려움증을 동반합니다.

02 지루증
피지가 많아져 피부가 기름지게 되는 것과 지나치게 건조해져서 비듬이 많아지는 경우가 있습니다.

03 아토피성 피부염
집먼지나 꽃가루 등의 알레르겐 물질에 반응하여 비듬이 많아지며 습진이나 가려움증을 동반합니다.

04 잘못된 샴푸 방법

샴푸제가 맞지 않거나 샴푸를 깨끗이 씻어내지 않거나 피부를 너무 빡빡 문지르거나 하는 것은 비듬의 원인이 됩니다(반려견의 피부는 인간의 아기와 같은 정도로 얇고 민감합니다. 샴푸할 때는 거품을 일으켜 피부에 부드럽게 문지르듯 씻어 주세요).

05 음식물

음식물이 맞지 않거나 오래된 산화한 음식물은 비듬의 원인이 됩니다.

06 내분비 계통의 질환

갑상선 호르몬 또는 성호르몬의 분비 이상으로 발병합니다.

07 스트레스

정신적인 이유에서도 비듬이 생깁니다. 반려견은 긴장하면 갑자기 전신에 비듬이 생기는 경우도 있습니다.

08 건조

피부 건조가 비듬의 원인이 될 수도 있습니다.

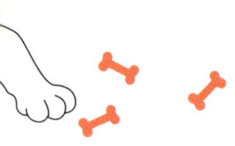

◆ 응급처치

01 샴푸로 씻는다(01, 02, 03, 04, 05, 08)
시중에서 판매하는 반려견용 샴푸로 우선 깨끗하게 씻습니다. 2주에 1회 정도 씻어 주세요.

02 미지근한 물로 피부를 씻는다(04)
사람 피부 온도 정도의 미지근한 물로 피부를 씻습니다. 다 씻어내지 못한 샴푸제나 알레르겐 물질 등이 원인인 경우는 그것을 제거함으로써 증상이 호전될 수 있습니다.

03 반려견용 린스나 트리트먼트, 스프레이 등을 사용한다(02, 03, 05, 06, 07, 08)
건조한 것이 원인인 경우가 많으므로 보습 작용을 하는 반려견용 린스나 트리트먼트, 스프레이 등이 있으면 이것을 사용하는 것도 효과적입니다.

04 배 부위에는 베이비크림을 사용한다 (02, 03, 05, 06, 07, 08)
털이 적은 배 부위에는 사람의 아기가 쓰는 베이비크림이나 바셀린 등을 사용해도 문제가 없습니다. 그러나 혀로 핥아버리면 오히려 더 안 좋아지므로 반려견이 베이비크림을 바르는 것을 유난히 의식하여 핥을 것 같으면 무리하게 바를 필요는 없습니다.

05 시판하는 피부 질환 개선용 사료로 바꾼다(05)
사료를 시판하는 피부 질환 개선용 사료로 바꾸어 봅니다. 그러나 당장 증상이 호전되는 것이 아니라 2개월 정도 시간이 걸립니다.

06 스트레스를 차단한다(07)
스트레스를 주는 것을 차단하도록 합니다. 병원에 왔을 때 반려견이 과도한 스트레스를 받아서 비듬이 생기는 경우도 있습니다.

07 상태가 잘 호전되지 않으면 병원에 데려간다 (모두)
감염증이나 그 밖의 내분비 계통 이상일 가능성도 있으므로 상태가 잘 호전되지 않을 때는 병원에 데려가서 진료를 받기 바랍니다. 혈액 검사나 피부 검사를 해서 원인을 알아야 합니다. 호르몬의 이상인 경우는 장기간 내복약 복용이 필요할 수도 있습니다.

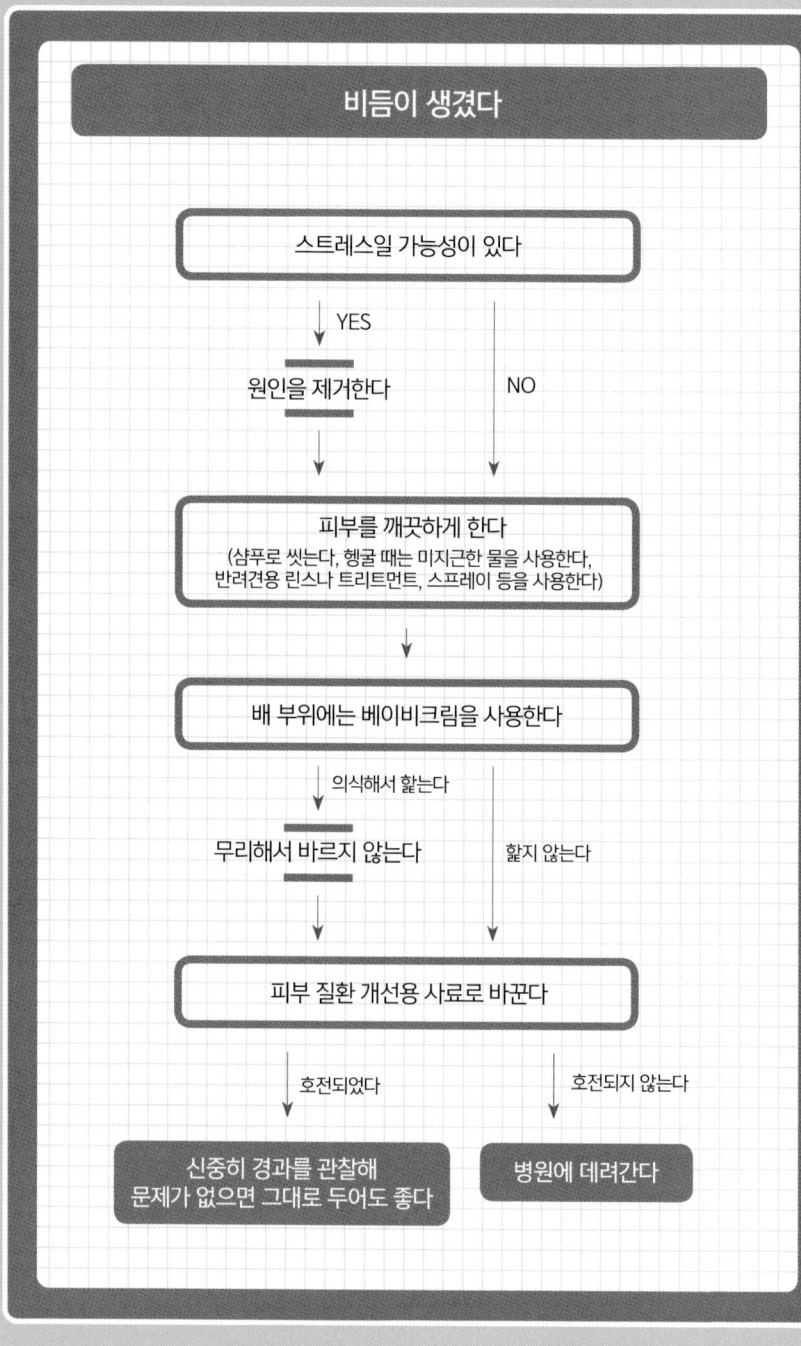

서른여덟. 부은 곳이 있다

◆ 주된 증상과 원인

반려견의 몸을 만져보다가 부은 곳이 있다면 주의해야 합니다. 어떤 질병일 가능성이 있습니다. 그 원인을 알아보겠습니다.

01 종기
지방종(脂肪腫; 지방 덩어리)과 같은 양성의 종기에서부터 비만세포종과 같은 악성의 종기가 있습니다.

02 화상
화상을 입으면 피부가 짓물러 물집처럼 붓습니다.

03 골절 등의 외상
손이나 다리가 광범위하게 부어 있고 통증이나 열감을 동반하는 경우는 골절 등의 외상일 가능성이 있습니다.

04 알레르기
백신 알레르기나 접촉 알레르기 등으로 인해 얼굴 또는 몸이 갑자기 퉁퉁 붓게 됩니다. 강한 가려움증도 동반합니다. 부기가 목구멍을 압박하면 호흡에 문제가 생겨 심하면 목숨을 잃을 수도 있습니다.

05 농피증

몸 전체 또는 일부분에 습진(작은 여드름 같은 것)이 여러 개 나타납니다. 세균이 번식되어 있는 상태이므로 가려움증을 동반하며 냄새가 심하게 납니다.

06 림프절의 부기

밖에서 만져지는 림프절은 좌우 턱 밑, 겨드랑이 밑, 허벅지의 연결부, 무릎 뒤쪽 등에 있습니다. 그 근처에 응어리가 만져지는 경우는 림프절이 부어있을 가능성이 있습니다. 림프절이 붓는 원인은 감염이나 염증, 림프종 등의 종양을 생각할 수 있습니다. 이런 경우는 원기가 없거나 몸에 열이 나거나 식욕이 없는 등의 증상이 나타납니다.

07 입의 트러블

치은염이 진행하면 고름이 차서 눈 밑이 붓는 경우가 있습니다. 통증으로 식욕이 떨어지거나 얼굴을 만지는 것을 싫어하는 등의 증상이 나타납니다.

08 물린 상처에 의한 부기

싸움으로 물린 상처에 세균감염을 일으켜 곪는 경우도 있습니다.

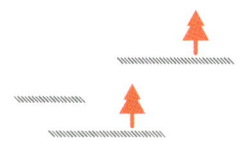

◆ 응급처치

01 아이스팩으로 차게 해준다(02, 03, 08)
열감이나 발적이 있는 경우는 흘러내리는 물이나 아이스팩을 타월로 싸서 차게 해줍니다. 가려움증이나 염증을 경감할 수 있습니다.

02 엘리자베스칼라를 착용시킨다(모두)
어떤 종류의 부기든 핥으면 악화되는 것은 공통이므로 반려견이 부은 곳을 의식하고 있다면 핥지 못하도록 엘리자베스칼라를 착용시킵니다.

03 아파하면 안정을 취하도록 한다(01, 02, 03, 04, 08)
어딘가를 아파하는 것 같으면 무리하게 움직이지 않도록 하고 안정을 취해 주어야 합니다.

04 반려견용 샴푸로 깨끗하게 닦아 준다(05)
가정에 있는 반려견용 샴푸로 우선 깨끗하게 닦아 줍니다.

05 양치질을 해서 구강 상태를 좋게 해준다(07)
양치질을 해서 구강 안의 상태를 좋게 해주고 그래도 출혈이 있으면 병원에 데려가야 합니다.

06 상처 주위를 솜으로 깨끗이 닦아 준다(08)
고름이 나오면는 상처 주위를 소독솜으로 깨끗이 닦아 줍니다.

07 응급처치 후에는 병원에 데려간다(모두)
피부가 부은 경우 상태에 따라서는 세포를 조사하는 검사나 혈액 검사가 필요할 수도 있으므로 병원에 데려가기 바랍니다.

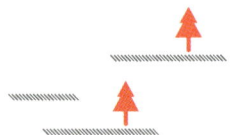

주의
알레르기 반응을 일으키는 경우는 생명에 관계되기도 합니다. 얼굴이나 몸이 퉁퉁 붓는 증상이 갑자기 나타날 때는 서둘러 병원에 데려갈 것을 권합니다.

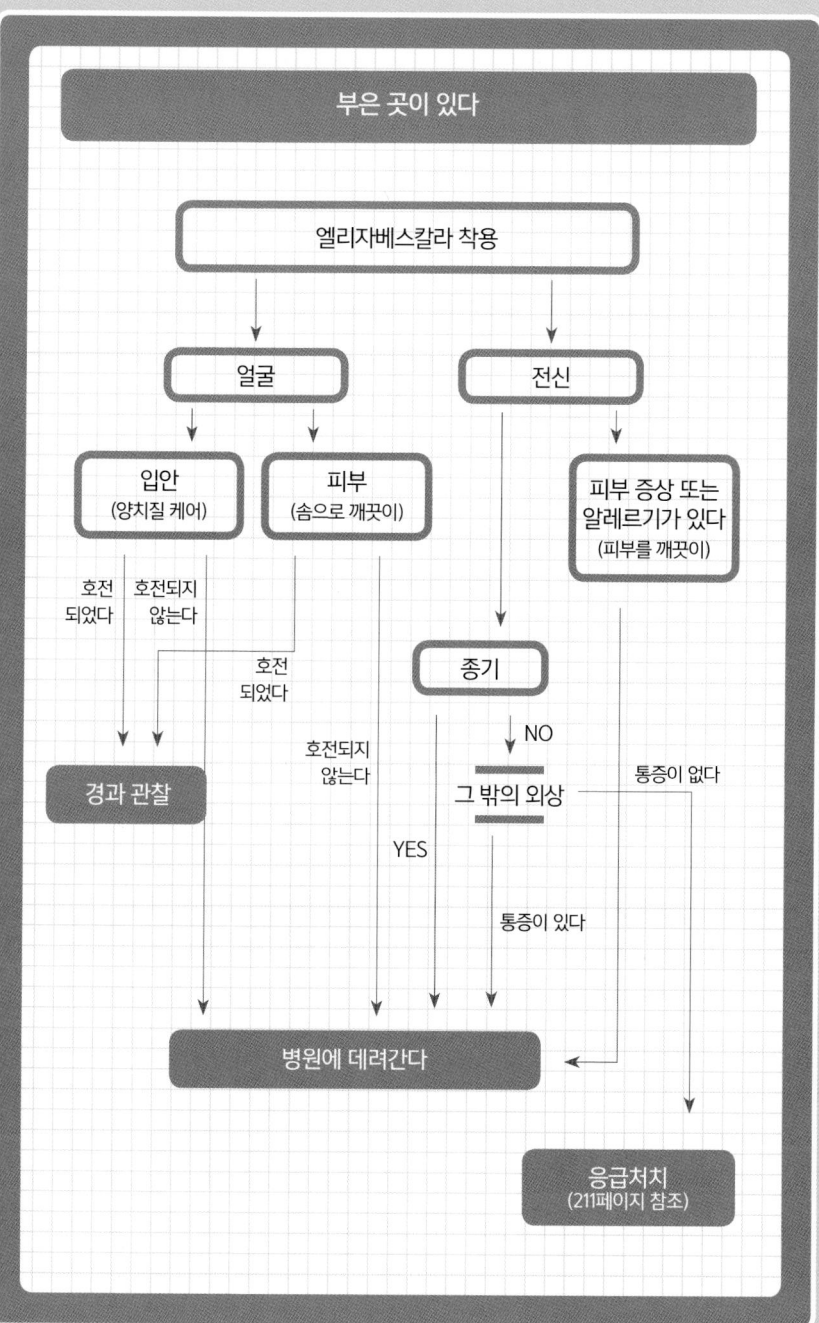

서른아홉. 가려워한다

◆ 주된 증상과 원인

피부가 가려울 때는 평소 때 이상으로 핥는다거나 긁는 등의 증상을 보입니다. 이 같은 증상은 여러 가지 원인으로 나타나며, 너무 많이 긁어서 상처가 생기는 경우도 있습니다. 예상되는 원인이나 특징을 알아보겠습니다.

01 음식 알레르기성 피부염
음식물 또는 이물 반응이 원인으로 일어납니다.

02 아토피성 피부염
집먼지나 꽃가루 등이 원인입니다. 특정 시기에 증상이 악화하거나 밖에서 증상이 잘 생기거나 집 안에서 증상이 잘 일어나거나 하는 등의 규칙성이 있는 경우가 많습니다.

03 벼룩 알레르기
벼룩에 물리면 알레르기가 생길 수 있습니다. 벼룩 알레르기는 등 가운데에 증상이 많이 생깁니다.

04 세균감염

건강한 피부에는 원래 세균이 항상 존재하지만, 이것이 어떤 원인으로 더 증가하는 상태입니다. 원인은 알레르기 또는 부적절한 샴푸 사용으로 인한 피부의 장벽(보호) 기능 저하나 비위생적인 환경 등이 있습니다. 세균이 증식해있는 상태이므로 냄새가 평소보다 심합니다.

05 곰팡이에 의한 감염

말라세지아와 같은 곰팡이가 증가한 상태입니다. 이것도 세균감염과 비슷한 원인이 의해 일어납니다(곰팡이의 종류에 따라서는 가려움증을 동반하지 않는 것도 있습니다).

06 외부 기생충

여드름진드기나 옴이 원인입니다. 심한 가려움증과 탈모를 동반합니다.

◆ 응급처치

01 엘리자베스칼라를 착용시킨다(모두)

엘리자베스칼라를 착용시켜 핥지 못하도록 해야 합니다.

02 브러싱을 한다()

브러싱을 해주어 알레르겐이나 외부 기생충을 제거합니다.

03 음식물을 바꾼다 ⓞ①

음식물이 원인이라고 생각되면 사료를 바꾸어 줍니다.

04 샴푸를 해서 피부를 청결한 상태로 한다(모두)

피부를 청결한 상태로 유지하기 위해서 샴푸를 해주세요. 다음에 샴푸할 때의 주의점을 정리해 보겠습니다.

Ⅰ 사람의 피부와 반려견의 피부는 다르므로 샴푸제는 반려견용을 사용하세요.

Ⅱ 샴푸는 직접 반려견의 피부에 대고 문질러서 거품을 내지 말고, 세면기에서 거품을 일으켜 피부에 주무르듯이 부드럽게 발라야 합니다. 반려견의 피부는 사람의 아기와 같은 정도로 민감하므로 강하게 마찰하는 것은 별로 좋지 않습니다.

Ⅲ 사람의 피부 온도 정도의 미지근한 물로 씻어 내려서 드라이어로 말립니다. 말릴 때는 더운 바람을 피부에 가까이 대면 좋지 않습니다. 드라이어를 반려견과 거리를 두고 사용하거나 냉풍으로 말리도록 합니다.

☆ 주의

샴푸 사용으로 일시적으로 가려움증이 호전되더라도 원인에 따라서는 약용 샴푸나 내복약, 외용약 등의 처방이 필요하므로 병원에서 진찰을 받고 검사하여 적절한 치료를 해줄 것을 권합니다.

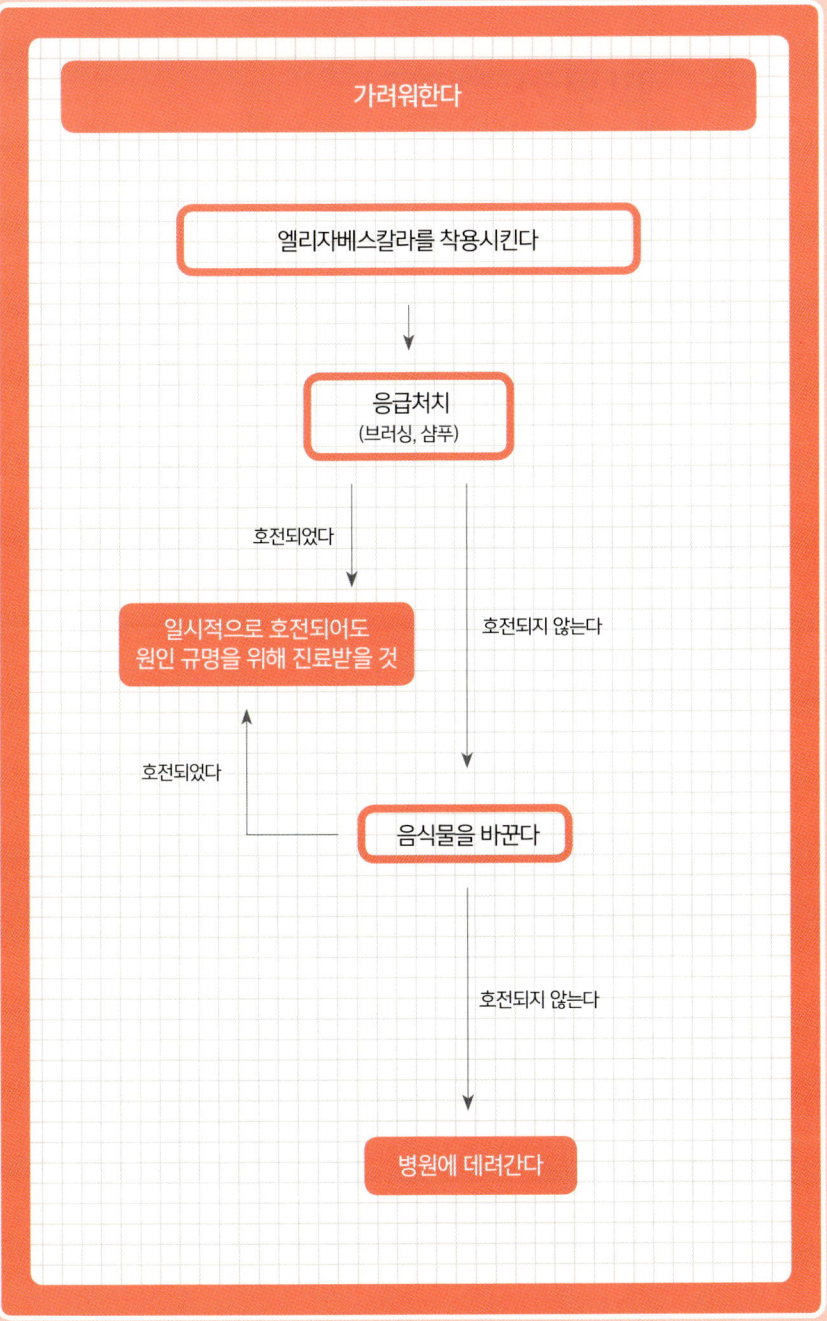

마흔. 피부가 빨갛다

◆ 주된 증상과 원인

피부가 빨간 경우는 가려움증을 동반한 피부 자체의 문제이거나 알레르기인 경우가 많으나, 숨겨진 질병일 가능성도 있습니다. 원인과 특징을 알아보겠습니다.

01 알레르기성 피부염
214페이지 참조

02 아토피성 피부염
214 페이지 참조

03 벼룩 알레르기
214 페이지 참조

04 세균감염
215 페이지 참조

05 곰팡이에 의한 감염
215 페이지 참조

06 외부 기생충
215 페이지 참조

07 스트레스

정신적인 문제로 발끝과 같은 특정 부위를 지나치게 많이 핥아서 빨갛게 염증을 일으킵니다. 자주 핥기 때문에 그 주위의 털이 젖었거나 갈색으로 변색되는 경우가 많습니다.

08 내출혈

어딘가에 부딪히는 등 외상으로 내출혈이 일어나거나 지혈 이상으로도 생기는 경우가 있습니다. 전자는 시간 경과에 따라 호전되지만, 후자는 호전되지 않거나 악화하는 경우도 있습니다. 반려견의 출혈을 멎게 하는 기능은 혈소판에 의한 1차 지혈과 응고인자에 의한 2차 지혈이 있는데, 어딘가에 이상이 생기면 피부에 거무칙칙한 크고 작은 여러 가지 반점과 같은 것이 나타납니다. 가려움증이 없으므로 스스로는 전혀 의식하지 않지만, 중증화하면 빈혈 등의 증세가 나타나 생명에까지 관계되는 경우가 있습니다.

◆ 응급처치

01 상처를 핥으면 엘리자베스칼라를 착용시킨다
(01, 02, 03, 04, 05, 06, 07)

반려견이 환부를 핥게 되면 구강 내 세균이 피부에 부착하고 그것이 침으로 짓물러져서 그 세균이 번식하는 2차 감염을 일으키는 경우가 많습니다. 핥게 되면 다시 악화하므로 핥지 못하도록 엘리자베스칼라를 착용시키기 바랍니다.

02 피부를 청결하게 한다 (01, 02, 03, 04, 05, 06, 07)

피부를 청결하게 해줍니다. 반려견용 샴푸로 씻는 것이 가장 좋으나 집에 준비가 되어 있지 않으면 수돗물로 씻어 주는 것도 상관없습니다. 씻은 후에는 잘 말려 주어야 합니다.

03 스트레스를 차단한다 (07)

스트레스를 받고 있다고 느껴지면 그 원인을 차단시켜 주세요.

04 반점이 여러 개 나타나는 경우는 즉시 병원에 데려간다 (08)

어디에 부딪히지도 않은 것 같은데 스스로 의식하지 않은 상태에서 반점이 여러 개 나타나는 경우에는 지혈 이상에 의한 내출혈일 가능성이 있습니다. 그냥 두면 위험할 수도 있으므로 상태를 지켜보지 말고 서둘러 병원에 데려가야 합니다.

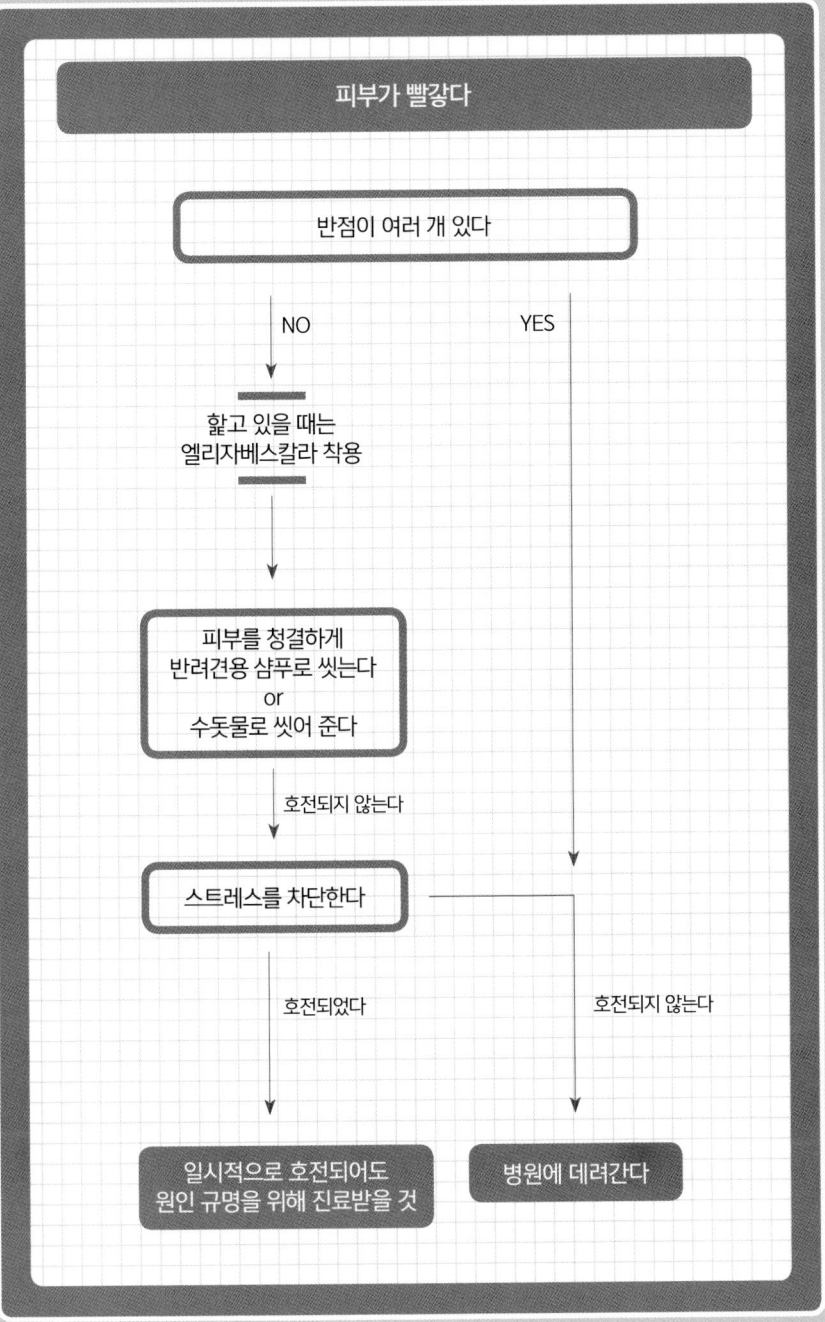

마흔하나. 털이 빠진다

◆ 주된 증상과 원인

 털이 빠지는 원인은 계절이 변할 즈음의 환절기에 나타나는 생리적인 원인과 병적인 원인 등 두 가지가 있습니다. 생리적인 탈모의 특징으로는, 환절기는 연 2회 봄과 가을에 있으며 전체적으로 털이 빠지지만 완전히 빠지지는 않습니다. 가려움증이나 피부가 빨갛게 되는 증상도 나타나지 않습니다. 한편, 병적인 탈모는 앞에 설명한 생리적인 탈모의 징후가 없는데 탈모가 생기는 경우입니다. 그러면 병적인 탈모에는 어떤 것이 있는지 원인과 그 특징을 알아보겠습니다.

01 알레르기성 피부염
214페이지 참조

02 아토피성 피부염
214 페이지 참조

03 벼룩 알레르기
214 페이지 참조

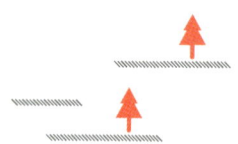

04 세균감염
215 페이지 참조

05 곰팡이에 의한 감염
215 페이지 참조

06 외부 기생충
215 페이지 참조

07 내분비 질환
쿠싱증후군 또는 갑상선기능저하증 등에 걸리면 습진이나 가려움증을 동반하지 않는 탈모가 허리의 주변에 좌우대칭으로 나타납니다. 또한, 꼬리의 털이 적어지기도 합니다.

08 계절성 탈모
원인은 알려져 있지 않습니다. 특정 계절에만 탈모가 일어나며 그 계절이 지나면 자연스럽게 낫는 탈모증입니다.

09 원인 불명
원인 불명의 탈모로 '아로페시아'라고 불리는 것이 있습니다. 포메라니안 등의 북방계 견종에 많은 탈모입니다.

제5장 피부

10 영양불량

건강한 털을 만들기 위해서는 많은 영양분과 단백질이 필요합니다. 영양소가 부족하면 탈모가 생길 수 있습니다.

11 스트레스

털이나 피부의 이상이 아니라, 정신적인 이유로 털을 잡아 뜯어서 외견상 털이 적어지기 때문에 탈모가 생긴 것처럼 보입니다.

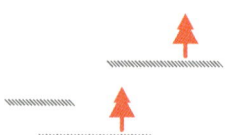

◆ 응급처치

01 엘리자베스칼라를 착용시킨다(모두)

가려움증을 동반하고 있는 경우에는 엘리자베스칼라를 착용시켜서 핥지 못하도록 해야 합니다. 핥게 되면 상태가 더 나빠집니다.

02 피부가 빨개진 경우는 청결하게 한다(모두)

피부에 발적이 생긴 경우는 청결하게 할 필요가 있습니다. 솜과 같은 소재로 부드럽게 닦아 줍니다. 반려견용 샴푸로 세정해 주는 것이 효과적입니다.

03 피부 질환 개선용 사료로 바꾼다(⑩)

영양불량이라 생각되는 경우에는 피부 질환 개선용 사료로 바꿈으로써(평소의 식사에 피부 질환 개선용의 건강보조식품을 첨가한다) 호전되는 경우가 있습니다.

04 스트레스를 제거한다(⑪)

반려견이 털을 물어뜯는 행동을 보인다면 정신적인 원인일 가능성이 있습니다. 집을 지키는 시간이 길어졌다든가 산책을 나가는 시간이 줄어들었다든가 하는 등의 짐작이 가는 환경 변화가 있다면 가능한 범위에서 스트레스를 제거해야 합니다.

05 피부를 상처내지 않게 브러싱한다(모두)

털이 빠지는 경우는 브러싱을 해서 쓸모없는 털을 제거해 주세요. 이때 피부에 상처를 내지 않도록 주의해야 합니다.

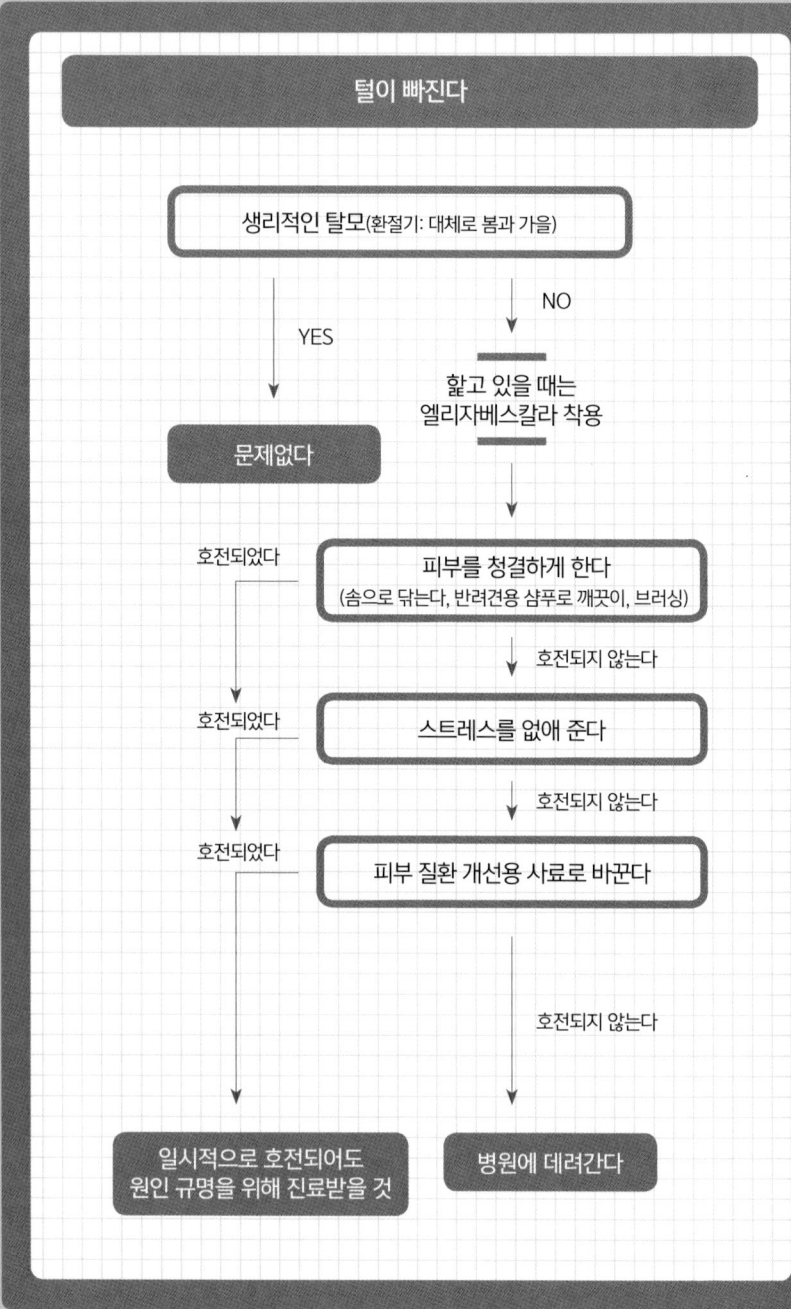

"질병을 조기에 발견한다!"
반려동물 미용사가 직접 전수하는 자택 그루밍

동물은 다른 개체와의 연대를 유지하기 위해 서로간에 그루밍을 하는 습성을 갖고 있습니다. 그루밍이란 몸의 위생을 확보하고 건강을 유지하기 위해 털을 핥는 것을 말합니다. 그러나 사람과 함께 살아온 반려견은 사람의 손에 그루밍(이른바 브러싱)을 맡기는 경우가 많아졌습니다. 그러므로 대부분의 반려견은 불쾌감만 주지 않는다면 사람이 하는 간단한 그루밍을 받아들이며 브러싱을 즐겁게 느끼고 있습니다.

여기에서는 반려인이 직접 자택에서 간단히 할 수 있는 그루밍 방법을 반려동물 미용사가 가르쳐 드리도록 하겠습니다. 거듭 말씀드립니다만, 그루밍은 사랑하는 반려견의 건강은 물론 반려인과의 유대를 깊게 하며 질병을 조기에 발견할 수 있는 중요한 수단입니다. 반려견의 몸과 마음의 건강을 위해서라도 오늘부터 그루밍을 해주기 바랍니다.

도구 선택

그루밍용 브러시는 주로 다음의 5종류가 있습니다. 우선 다음의 사진을 보면서 각각의 장점과 단점을 소개하겠습니다.

1. 슬리커

가늘고 예리한 금속 털 브러시입니다. 털이 엉킨 곱슬마디 처리에는 가장 효과적이지만, 끝이 예리해 다루기가 까다롭습니다. 피부를 긁어 염증을 일으키거나 출혈을 할 수 있으므로 매우 주의해서 사용해야 합니다.

2. 핀 브러시

조금 굵직한 금속 털 브러시입니다. 슬리커 만큼의 곱슬마디 처리 능력은 없으나, 피부에 상처를 낼 우려가 적어서 안전하게 사용할 수 있습니다. 특히 싱글코트(요크셔 테리어, 말티즈 등)의 기본 브러싱에 매우 적합한 도구입니다.

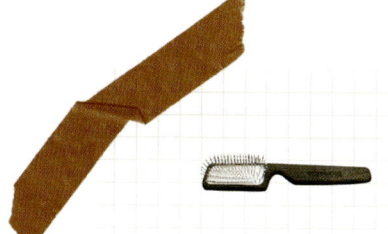

3. 쿠션 브러시

브러시의 끝에 수지제의 구체가 붙어 있어 탄성이 있는 브러시입니다. 브러시 솔 끝이 보호되어 있으므로 피부에 상처를 낼 가능성이 낮아 안전성이 높습니다. 곱슬마디의 처리나 털을 다듬는 것보다는 피부 마사지에 효과적입니다.

4. 수모 브러시

밀도가 높은 천연 수모 브러시입니다. 곱슬마디를 처리한 후 부드럽게 브러싱을 함으로써 반려견의 털 표면이 잘 다듬어져 털에 윤기를 더해 줍니다. 수모 브러시는 털이 아름다워지고 손에 닿는 감촉이 좋아지며 마찰에 의한 정전기를 억제해 곱슬마디의 방지에도 효과적입니다.

5. 금속 콤(빗)

곱슬마디의 유무를 확인하기 위한 빗입니다. 곱슬마디 처리에 슬리커나 핀브러시와 함께 사용하면 효과적입니다.

브러싱 방법

앞에서 설명한 것처럼 브러싱 도구에는 여러 가지 종류가 있습니다. 반려견의 종류, 모질, 모량, 용도 등에 따라 알맞은 브러시를 선택하여 사용하면 됩니다.

이 칼럼에서는 반려견을 '장모종, 중모종'과 '단모종' 등 두 가지로 나누어 기본적인 브러싱 방법을 설명하겠습니다. 반려인이 자신의 반려견에게 맞추어 각자 응용하기 바랍니다.

장모종(푸들, 요크셔 테리어, 포메라니안, 말티즈 등), 중모종(웰시 코기, 래브라도 리트리버, 시바견 등)의 경우

Ⅰ 먼저 슬리커(털의 질에 따라서는 핀 브러시)로 전체의 털을 훑어간다.
Ⅱ 이때 머리부터 시작하면 반려견이 무서워하므로 위압감을 주지 않도록 '목→다리→등→머리'의 순서로 한다.
Ⅲ 또한, 슬리커는 끝이 예리하므로 브러시가 피부에 닿지 않도록 주의해야 한다. 가볍게 피부에서 약간 뜬 느낌으로 털만 골라내도록 한다.
Ⅳ 전신을 끝내면 다음은 금속 콤으로 곱슬마디를 제거한다.
Ⅴ 전신이 깨끗하게 정리되면 끝

단모종(보스턴 테리어, 퍼그, 불독 등)의 경우
Ⅰ 먼저 쿠션 브러시로 전신을 브러싱한다.
Ⅱ 장모종과 마찬가지로 반려견이 무서워하지 않도록 '목→다리→등→머리'의 순서로 빗는다.
Ⅲ 피부에 상처를 내지 않도록 부드럽게 브러싱한다.
Ⅳ 털이 윤기가 나게 정리되면 끝

마지막으로
브러싱은 매일 하는 것이 바람직합니다(털이 빠지면 심하게 빠지기 때문에 하루 몇 번씩 해야 되는 반려견도 있습니다. 시바견의 경우가 이에 해당합니다). 목욕을 자주 하지 않는 반려견에게는 브러싱은 혈행을 좋게 하여 건강을 유지하는 데 도움이 됩니다.

하지만 반려견들도 필요 이상의 접촉으로 불쾌감이 많아지면 서서히 손질을 싫어하게 될 수 있습니다. 무리하지 말고 몸에 손이 닿는 것을 기분 좋은 일로 받아들이도록 즐거운 시간이라고 느끼게 해주는 것이 중요합니다.

제6장

비뇨기

마흔둘. 음부가 부었다
(또는 출혈을 한다)

◆ 주된 증상과 원인

음부는 주로 소변이 나오는 부분으로 수컷의 경우는 귀두 부분, 암컷의 경우는 질 부분에 해당합니다. 주로 생식기에 이상이 생김으로써 증상이 나타납니다. 다음에 설명하는 원인으로 *₁종대 또는 출혈을 동반하는 경우가 있습니다.

[수컷의 경우]

01 정상적인 발기

수컷은 중성화수술을 안했을 경우 암컷을 보고 발정하거나 흥분했을 때 피부가 덮고 있는 귀두가 발기하여 종대될 수 있습니다. 발정을 하면 인형 같은 것에 귀두 부분을 접촉하여 상처가 나고 출혈을 동반할 수 있습니다.

02 발기 후의 *₂울혈

발기 후에 귀두 부분이 피부에 들어가지 않고 울혈을 일으키고 다시 종대하는 경우가 있습니다. 원인으로는 포피의 개구 부분이 좁은 경우와 털이 끼어 울혈을 하는 경우가 있습니다. 울혈 시간이 길어지면 출혈이 생깁니다.

*₁종대 : 순환장애로 생식기가 부풀어 커짐
*₂울혈 : 몸 안의 장기나 조직에 정맥의 피가 몰려 있는 증상

03 포피염 또는 방광염 등에 의한 종대

피부가 덮고 있는 귀두 부분에는 공간이 있으며, 그 부분에 세균감염이 일어나는 것을 많이 보게 됩니다. 반려견이 귀두 부분을 핥으면 그것이 다시 감염을 일으킵니다. 염증이 심하면 출혈이 생깁니다. 그리고 방광염을 일으킨 경우도 소변의 잔뇨감 등으로 귀두 부분을 핥아서 종대하는 경우가 있습니다. 소변에서 혈뇨가 나오기도 합니다.

04 귀두 부분의 종양

귀두의 맨 앞부분에 종양을 일으키는 경우도 있습니다. 출혈을 동반하기도 합니다.

[암컷의 경우]
05 정상적인 발정

피임수술을 하지 않은 암컷은 1년에 1회 내지 2회 정도 생리가 옵니다 (반려견에 따라 약간의 오차는 있습니다). 생리 중에는 보통 때보다 음부가 부어오르고 색깔도 붉은 기가 강해집니다. 출혈도 생깁니다. 그러나 이것은 병적인 것은 아닙니다.

06 이상 발정

장기적으로 발정이 계속되어 부기가 가라앉지 않는다거나 출혈을 하는 이상 발정을 일으키는 것을 위임신(僞妊娠: 거짓 임신)이라고 합니다.

07 질염

어떤 원인으로 질에 염증이 생겨서 부어 오릅니다. 그 배경에 방광염이나 자궁에 문제가 있어서 반려견이 음부를 핥음으로써 감염되었을 가능성이 높습니다.

08 피부병

음부 주위에는 소변이 부착해 세균감염을 일으켜 피부병이 생기는 경우가 있습니다.

09 질탈(膣脫)

성호르몬의 영향으로 질의 점막이 종대되어 음부보다 돌출하는 상태를 말합니다.

10 종양

음부 주위 또는 음부 내의 점막 등에 종양이 생기는 경우가 있습니다.

응급처치

01 엘리자베스칼라를 착용시킨다(모두)

부어 있는 음경을 집요하게 핥는 행동을 하는 경우도 있습니다. 이같은 행동은 부기를 악화시켜 2차적인 외상이나 감염 위험을 증가시킵니다. 엘리자베스칼라 등으로 핥지 못하도록 조치하는 것이 첫 번째 응급처치입니다.

02 정상적인 발기와 발정은 괜찮다(01, 05)

정상적인 발기와 발정은 생리적인 현상이므로 걱정할 필요가 없습니다.

03 발기 후의 울혈은 냉수 등으로 식힌다(02)

발기 후의 울혈이 발생하면 먼저 식혀 주기 바랍니다. 냉수를 뿌려주거나 냉수에 담근 타월 등으로 울혈을 일으킨 귀두를 감싸 주세요. 그래도 진정이 되지 않으면 병원에 데려가야 합니다. 상태를 지켜보는 것은 위험합니다.

04 포피의 고름을 물에 적신 솜으로 깨끗이 닦아 준다 (03)

포피염이 의심되는 경우 감염 여부를 알려면 포피에서 황색 고름이 나오는지 안 나오는지를 보면 됩니다. 만약 포피에서 고름이 나온다면 솜을 물에 적셔 오염된 곳을 깨끗하게 닦아 주기 바랍니다. 그러나 그대로 두지 말고 한 번은 병원에 데려갈 것을 권합니다. 방광염의 가능성이 있으므로 검사를 해봐야 합니다.

05 귀두의 종양, 질탈, 질의 종양 등은 병원에 데려간다(04, 09, 10)

귀두의 종양, 질탈, 질의 종양 등은 가정에서는 처치할 수 없으므로 병원에 데려가야 합니다.

06 이상 발정(1년에 3회 이상)은 병원에 데려간다(06)

발정과 비슷하다면 당장은 그냥 두고 보아도 괜찮습니다. 하지만 1년에 3회 이상 오는 이상 발정은 자궁이나 난소 등의 질병으로 발전하는 경우도 있으므로 병원에 데려가기 바랍니다.

07 질 주위의 오염은 반려견용 샴푸로 씻는다(07, 08)

질염, 피부병 등으로 질 주위가 오염되어 있는 경우는 반려견용 샴푸로 씻어주세요. 응급처치 후에는 병원에 데려갈 것을 권합니다.

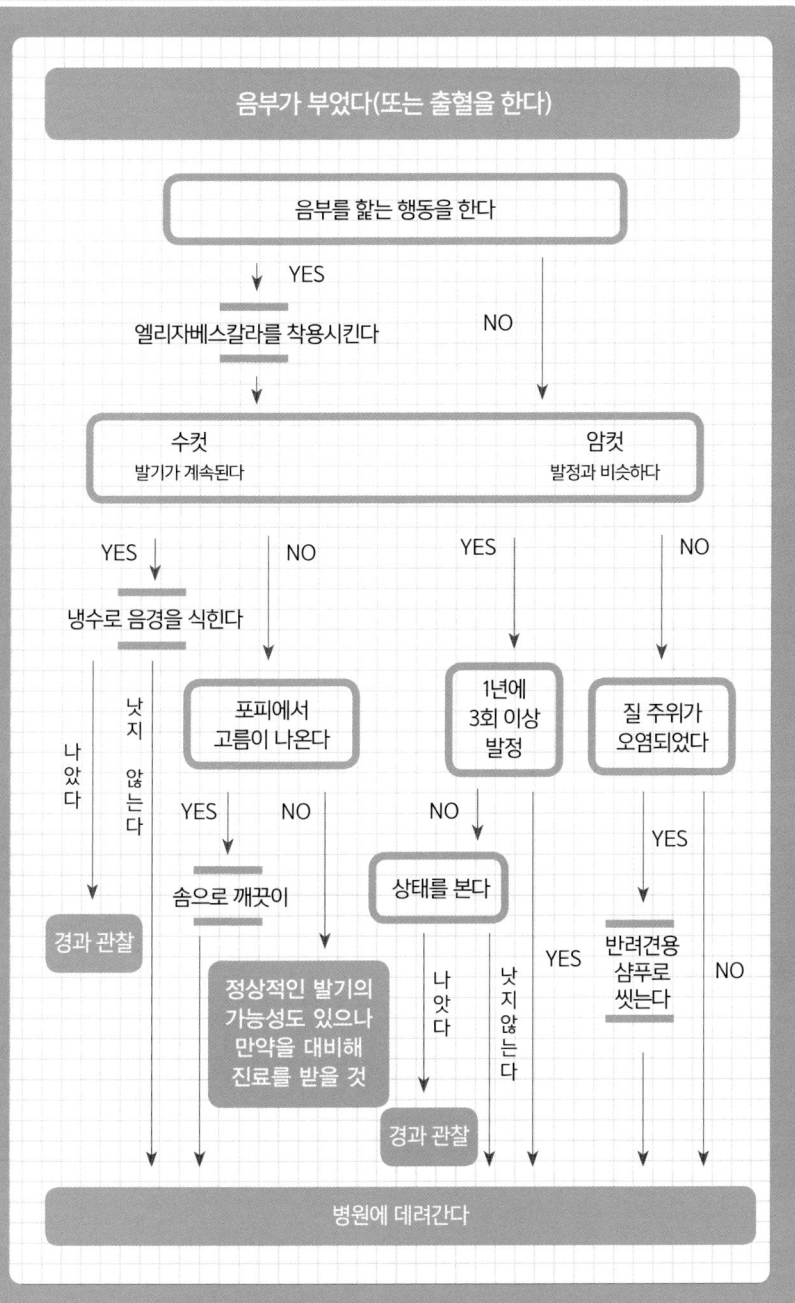

마흔셋. 음부에서 고름이 나온다

◆ 주된 증상과 원인

정상적인 음부에서는 고름이 나오지 않습니다(수컷의 음경은 핑크색에서 약간 붉은 기를 띤 상태이며 광택감이 있습니다. 암컷도 음부의 점막 부분은 수컷과 같은 색깔을 띕니다). 고름이 나오는 원인으로는 다음과 같은 것이 있습니다.

01 비뇨기(소변의 생성, 배설에 관한 장기를 말함) 질환에 관련된 것

요로(소변이 통과하는 길)의 세균감염으로 음부에서 고름이 나오는 경우가 있습니다. 소변의 냄새에 변화가 나타나기도 합니다. 특히 방광에 염증이 생긴 경우는 화장실에 가는 횟수가 많아지는 특징이 있습니다.

02 생식기(수컷의 성기, 암컷의 성기를 말함) 질환에 관련된 것

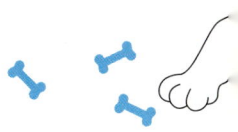

[수컷의 경우]
① 포피의 염증에 의한 것
포피의 감염으로 염증이 생기면 고름이 나오는 경우가 있습니다.

② 전립샘의 염증
중성화수술을 하지 않은 수컷의 반려견은 나이가 많아지면 전립샘의 트러블이 일어나기 쉬워져 음부에서 고름이 나오는 경우가 있습니다.

[암컷의 경우]
① 질의 이상
어떤 원인으로 질에 감염이 일어나면 외음부에서 고름이 나오기도 합니다.

② 자궁의 이상
암컷의 경우 세균감염으로 자궁에 고름이 차는 자궁축농증이 생기면 외음부에서 고름이 나올 때가 있습니다. 피임수술을 하지 않은 고령의 반려견에게 많이 발생합니다. 이 자궁축농증은 그대로 방치하면 사망할 확률이 매우 높은 질환입니다. 그러나 조기에 발견하여 적절한 응급처치를 하면 목숨을 구할 수 있는 질환이기도 합니다.

 응급처치

01 수분을 충분히 공급한다(모두)

세균감염이 원인일 경우에는 통상 체온이 올라가고 몸은 수분을 상실하게 됩니다. 또한, 세균이 생성한 독소가 몸에 영향을 미칠 가능성도 있습니다. 탈수 상태를 완화하고 세균으로 인한 독소를 희석시키기 위해 수분 공급을 충분히 해주기 바랍니다. 마시는 물은 가능하면 이온 밸런스가 잘된 것(예를 들면 스포츠음료를 묽게 한 것)이 가장 좋습니다.

02 음부를 핥지 않도록 한다(모두)

음경이나 외음부를 집요하게 핥는 행동을 하는 경우도 있습니다. 2차적인 외상의 위험이 있으므로 엘리자베스칼라를 착용시켜 핥지 못하도록 하는 것이 바람직합니다.

03 음부의 주위를 깨끗이 씻는다(모두)

음부 주위가 오염된 경우에는 수돗물 또는 반려견용 샴푸로 깨끗하게 씻어 주세요. 다만, 음부의 안쪽은 섬세한 부분이므로 너무 강한 힘을 가하지 않도록 주의해야 합니다.

[진료를 받을 때]

음부에서 고름이 나오면 세균감염이나 염증이 크게 의심됩니다. 생식기는 비뇨기와 밀접한 관계가 있으므로 음부에서 고름이 나온다면 비뇨기 계통의 질병을 의심할 필요가 있습니다. 위의 두 가지는 검사를 하지 않는 한 구별하기가 매우 어렵습니다. 세균감염은 적절한 치료를 하지 않으면 치유가 되지 않으므로 반드시 병원에 데려가야 합니다.

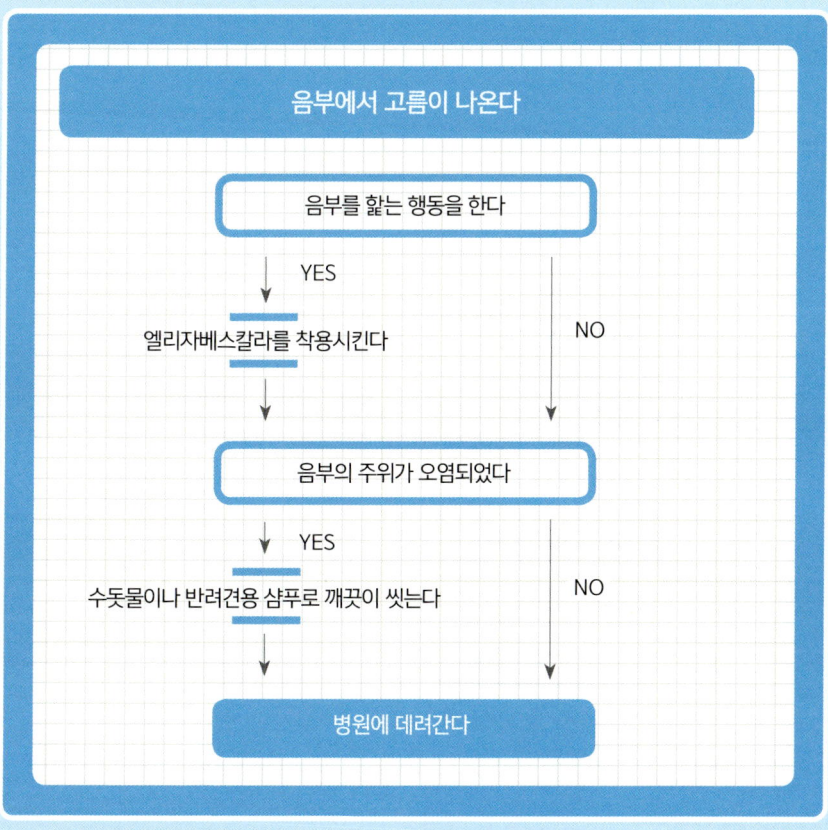

마흔넷. 음부에 신경을 쓰며 자주 핥는다

◆ 주된 증상과 원인

반려견이 몸의 한 부분을 집요하게 핥는 것은 이유가 있습니다. 그 이유는 무엇일까요? 대부분의 반려견은 통증을 느끼는 곳이나 가려움증이 있는 곳이나 냄새가 나는 곳을 집요하게 핥는 습관이 있습니다. 다시 말해 음부에 신경을 쓰며 자주 핥는 행동은 음부에 통증이나 가려움증 또는 냄새가 난다는 뜻입니다. 주된 증상과 원인으로는 다음과 같은 것이 있습니다.

[수컷의 경우]

01 생리적인 원인에 의한 것
음경이 발기할 때 자주 음부를 핥는 행동을 합니다.

02 병적인 원인에 의한 것

① 비뇨기 질환
방광염이나 방광결석 등으로 인해 잔뇨감이 있는 경우

② 생식기 질환
포피염 등 염증으로 불편함을 느끼는 경우

③ 정신적인 질환
스트레스 등으로 분리불안증에 걸린 경우에도 나타납니다.

[암컷의 경우]

03 생리적인 원인에 의한 것
생리의 출혈이 생겼을 때에 음부를 핥는 행동을 하는 경우가 있습니다.

04 병적인 원인에 의한 것

1 비뇨기 질환
방광염이나 방광결석 등으로 인해 잔뇨감이 있는 경우

2 생식기 질환
난소 질환, 자궁축농증 등으로 질이 부었거나 질염이 있는 경우

3 정신적인 질환
스트레스 등으로 인해 분리불안증과 같은 정신적인 질병을 앓고 있는 경우

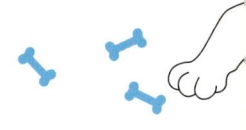

◆ 응급처치

우선 음부를 핥는 행위가 생리적인 것인지 병적인 것인지를 파악하는 것이 중요합니다. 그런 후에 다음에 주의하면서 응급처치를 하기 바랍니다.

01 생리적인 원인에 의한 것(암컷, 수컷 공통)

생리적인 것이라면 문제가 없습니다. 그러나 암컷의 경우 자궁 질환은 발견하기기 어렵고, 정상적인 발정이라 생각해도 병적인 것도 있으므로 장기적(2주간 이상)으로 계속해서 출혈을 하거나 핥고 있는 경우는 병원에 데려가서 진료를 받아야 합니다.

02 병적인 원인에 의한 것(암컷, 수컷 공통)

병적인 것으로 의심되는 경우는 엘리자베스칼라를 착용시켜 상태가 나빠지는 것을 막아야 합니다.

❶ 비뇨기 질환(암컷, 수컷 공통)

우선 음료수량을 늘려 보기 바랍니다. 그렇게 해서도 호전되지 않을 경우에는 약을 사용할 필요가 있습니다. 그리고 비뇨기 질환 개선용 드라이푸드로 바꾸어 줌으로써 호전되는 경우도 있습니다.

❷ 생식기 질환(암컷, 수컷 공통)

생식기의 어느 부분을 핥고 있는지를 관찰하기 바랍니다. 오염된 곳이 있으면 솜 같은 것으로 깨끗이 닦아 주세요.

❸ 정신적인 질환(암컷, 수컷 공통)

스트레스를 받고 있을 가능성도 있습니다. 짐작이 가는 스트레스는 차단하고 환경을 바꿔 주세요.

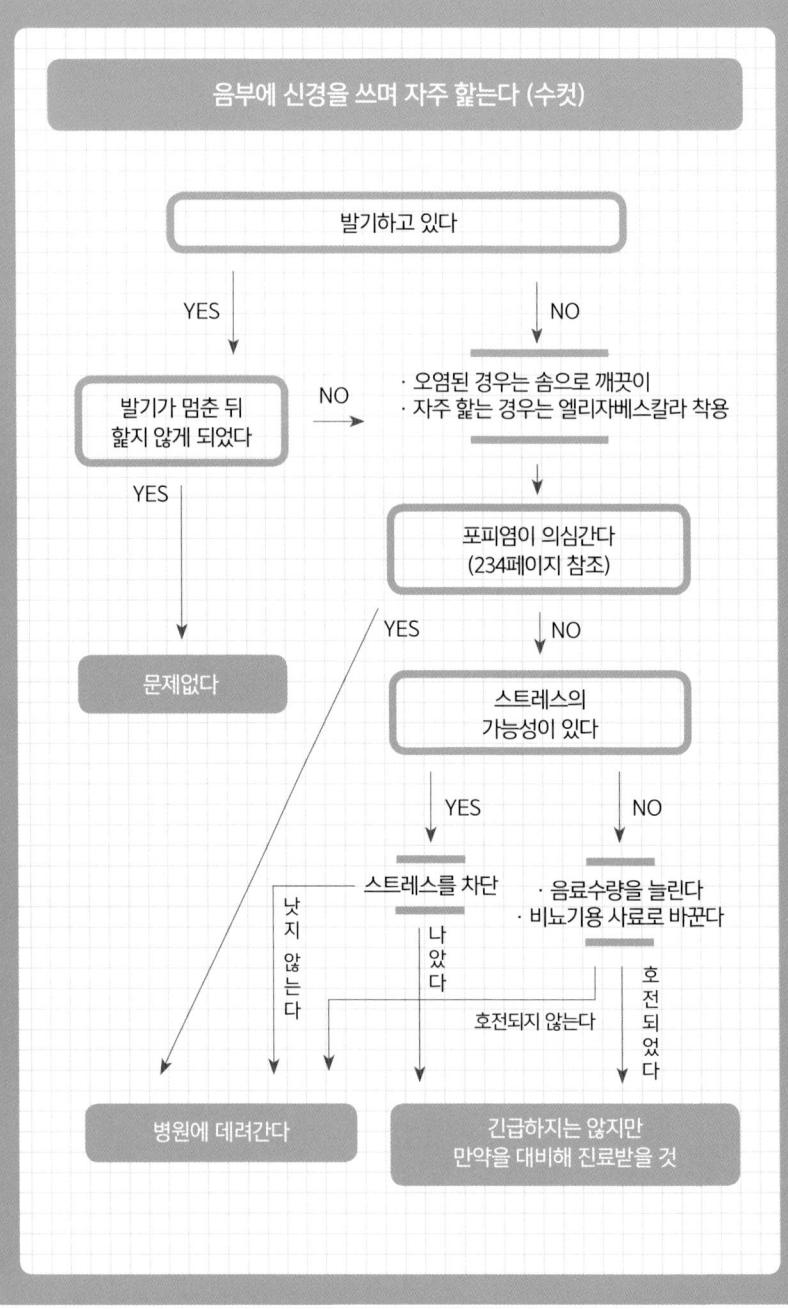

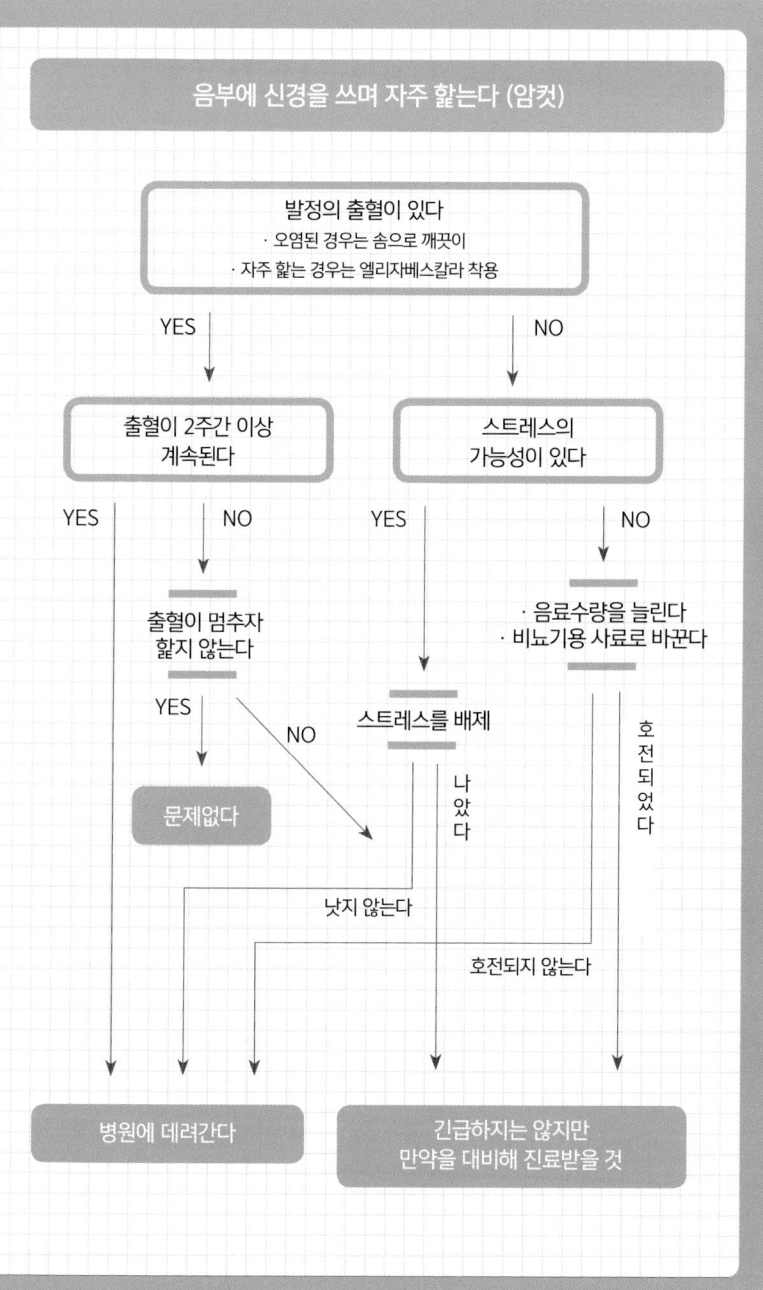

마흔다섯. 소변이 냄새가 나고 탁하다

◆ 주된 증상과 원인

정상적인 소변의 색깔은 황색으로 투명합니다. 소변이 나오는 구조를 보면, 좌우의 신장이라는 장기의 혈액에서 소변이 생성되어 요관을 통해 방광에 모아집니다. 그리고 배뇨시에는 방광에서 요도를 거쳐 수컷의 경우는 음경에서, 암컷의 경우는 질 안에 있는 요도의 개구부에서 배뇨됩니다.

그런데 이러한 소변의 통로에 트러블이 생기면 소변이 탁해 보이고 냄새가 심해지는 경우가 있습니다. 더욱이 냄새만으로 판단하는 것은 매우 어려운 경우가 많고, 정상적인 상태의 반려견에게서도 탈수 등으로 소변이 진할 때는 냄새가 심하게 날 수도 있습니다. 질병인지 아닌지의 판단은 냄새의 이상과 함께 소변이 탁한지의 여부가 매우 중요합니다. 다음에 주된 증상과 원인을 설명합니다.

01 방광염 등의 세균감염

소변을 모으는 방광, 또는 통로인 요도 등에서 세균감염이 일어난 염증의 결과나 세균으로 가스가 발생합니다.

02 요석증 등

방광 내에 체질, 음식, 방광염 등의 영향으로 소변의 pH가 변화함으로써 소변에 결정이 생기기 시작한 상태입니다.

03 전립샘염

수컷에 한정됩니다만, 소변의 통로에 전립샘이 있는데 세균감염을 일으키면 발생합니다.

04 자궁이나 난소, 질의 염증 등

소변에 영향을 주는 일은 적지만, 전혀 그렇지 않다고는 할 수 없습니다. 암컷의 생리에 관계되는 소변은 정상인 경우에도 탁하게 나타날 수 있습니다.

05 탈수로 소변이 방광 내에 장시간 저류되어 있는 경우

어떤 원인에 의해 몸 컨디션 부조가 일어나 소변의 생성이 감소되거나 또는 방광 내에서 소변 저류가 생김으로써 증상이 나타납니다.

◆ 응급처치

01 배뇨의 모양이나 소변의 상태를 잘 관찰한다 (모두)

먼저 소변 횟수가 평소보다 많은지의 여부와 그리고 가능하다면 소변의 탁한 상태가 어떤지를 확인하기 바랍니다. 유의할 점은 소변이 전체적으로 처음부터 끝까지 탁한지 처음 누기 시작할 때의 소변이 탁한지를 알 필요가 있습니다. 사소한 일이기는 하지만 병원에 갔을 때 진단에 도움을 줍니다.

02 물을 충분히 마시게 한다(모두)

물을 충분히 마시게 하는 것이 중요합니다. 일반적으로 세균감염이 원인인 경우는 세균이 생성한 독소가 몸에 영향을 줄 가능성이 있습니다. 독소를 희석시키고 감염의 원인인 세균을 소변과 함께 배설하는 것을 촉진시키기 위해서는 물을 많이 주어 수분을 충분히 공급해야 합니다. 마시게 하는 물은 가능하다면 이온 밸런스가 잘된 것(예를 들면 스포츠 음료를 묽게 한 것 등)이 가장 좋습니다. 그러나 미네랄 성분이 매우 많은 음료수를 주는 것은 삼가기 바랍니다. 세균감염을 동반하고 있는 경우에는 결석의 위험이 있습니다.

03 음식물을 바꾼다(01, 02, 05)

현재의 사료가 맞지 않은 경우가 있습니다. 시중에 판매하는 사료 가운데도 요로 질환용 사료가 있으므로 음식물을 바꾸는 것을 권유합니다.

04 전립샘염이 의심되면 즉시 병원에 데려간다(03)

전립샘염에 걸리면 방광염과 같은 증상이 나타나거나 변비 또는 배가 무겁고 불편한 증상이 나타나는 경우도 있습니다. 가정에서 대처할 수 없으므로 즉시 병원에 데려가야 합니다.

05 암컷의 경우는 생리 시기인지를 확인한다 (04)

암컷은 생리를 1년에 1회 내지 2회 정도 합니다. 횟수는 반려견의 개체에 따라 다르지만, 간격은 일정한 경우가 대부분입니다. 평상시 반려견의 생리 주기를 파악하는 것은 중요합니다. 보통 생리시에 소변이 탁한 것은 질병이 아닙니다. 그러나 증상이 장기(2주간 이상)에 걸쳐 계속되는 것은 정상이 아닙니다. 발정기에는 호르몬의 영향으로 세균감염에 대한 저항력이 떨어져 있으므로 생리기에 질이나 자궁, 요로 계통의 감염이 일어날 가능성도 있습니다.

06 음부를 핥지 못하도록 한다 (모두)

음경이나 외음부를 집요하게 핥는 행동을 보이는 경우가 있습니다. 2차적인 외상의 위험이 있으므로 엘리자베스칼라를 착용시켜 핥지 못하도록 해야 합니다.

07 음부의 주위를 깨끗이 씻어 준다 (모두)

음부의 주위가 오염되었을 경우에는 수돗물 또는 반려견용 샴푸로 깨끗이 씻어 주기 바랍니다.

[진료를 받을 때]

마지막으로, 증상이 계속되는 경우나 식욕이 저하하여 물을 마구 마시거나 체온이 평소보다 높다고 느껴지는 등의 증상이 함께 나타날 때는 상황이 심각하다는 것을 알아야 합니다. 세균감염이 원인인 경우는 그냥 두면 상태가 나빠져 목숨을 잃을 수도 있으므로 주의해야 하며 반드시 병원에 데려가야 합니다.

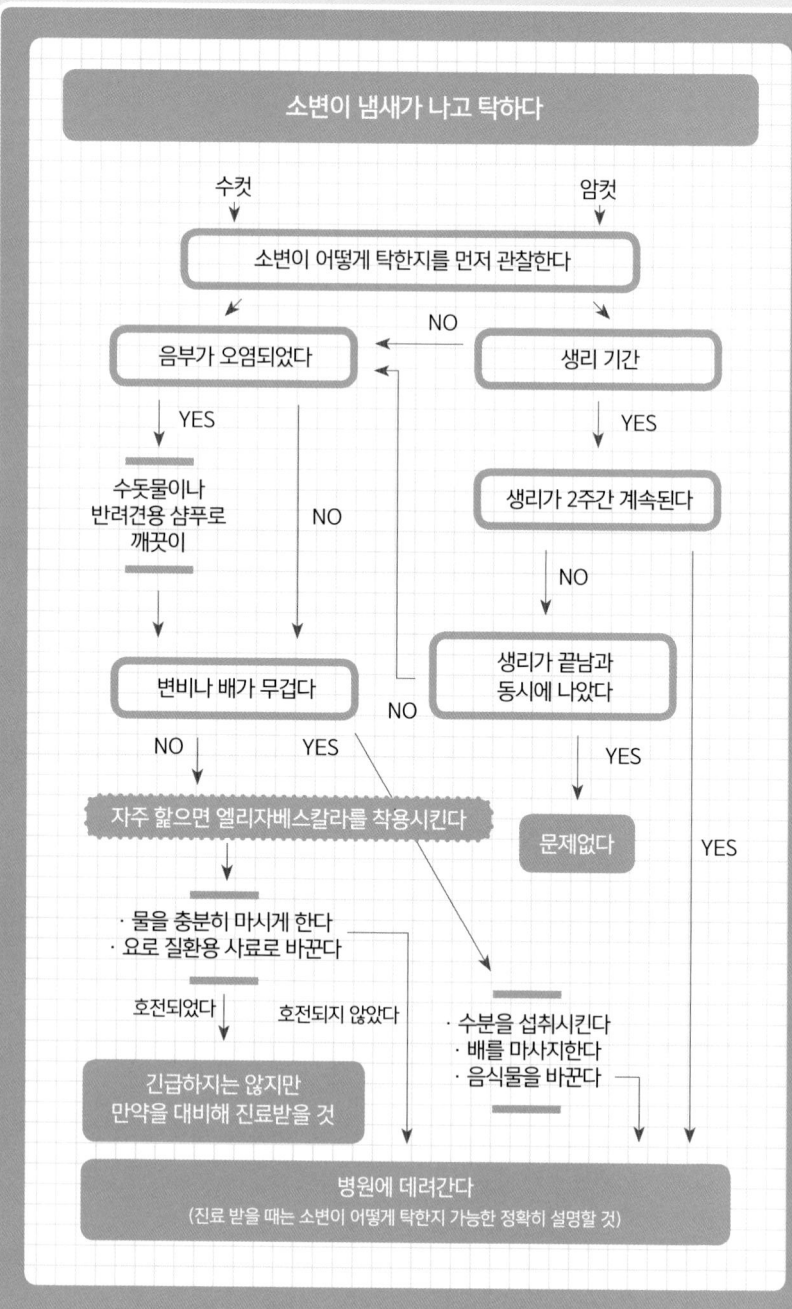

마흔여섯. 소변의 색깔이 붉다

◆ 주된 증상과 원인

소변은 좌우의 신장이라는 장기의 혈액에서 생성되어 요관을 통해 방광에 저류됩니다. 배뇨 때에는 방광에서 요도(수컷은 전립샘을 포함)를 지나 수컷의 경우는 음경에서, 암컷의 경우는 질 안에 있는 요도의 개구부에서 배뇨합니다. 정상적인 반려견의 소변 색깔은 황색으로 투명합니다.

소변의 색깔이 붉게 되는 원인은, 소변이 지나가는 곳의 어딘가에서 일어난 출혈에 의한 혈뇨가 원인이거나 적혈구라는 혈액의 세포가 어떤 이유로 파괴(용혈이라고 합니다)됨으로써 적혈구 중의 혈색소가 신장에서 배출되어 소변의 색깔이 붉게 되는 '혈색소뇨(血色素尿)' 등의 두 가지 원인이 있는 것으로 알려져 있습니다(그러나 두 가지 모두 눈으로 봐서는 판단하기는 어렵습니다). 주된 원인과 증상은 다음과 같습니다.

[혈뇨의 원인]

01 세균 등의 감염에 의한 염증

세균감염으로 염증이 일어나면 출혈을 하거나 소변의 냄새가 변화하는 경우가 있습니다. 특히 방광에 염증이 생기면 화장실에 가는 횟수가 점점 많아집니다.

02 종양 질환

일반적으로 종양 조직은 매우 약해서 쉽게 출혈을 합니다. 고령의 반려견에게서 많이 발생합니다. 다른 원인과 구별하기 위해서는 검사가 필요합니다.

03 결석

결석이 요로에 상처를 내어 출혈하는 경우가 있습니다. 식생활이나 체질, 오랜 기간에 걸친 요로감염증의 방치로 결석이 되기도 합니다.

04 생식기 질환에 관계되는 출혈

수컷에게는 전립샘이라는 장기가 있습니다. 이 장기의 질병으로 소변에 혈액이 섞이는 경우가 있습니다. 그리고 암컷은 질이나 자궁의 이상으로 소변에 혈액이 섞이는 경우가 있습니다. 피임수술을 하지 않은 암컷은 발정에 의한 출혈로 소변에 혈액이 섞일 수 있습니다.

[혈색소뇨의 원인]

05 세균, 기생충 등의 감염증

렙토스피라증(들쥐의 소변에서 감염), 바베시아증(참진드기가 매개), 심장사상충증(모기가 매개) 등의 감염증으로 혈색소뇨가 나타나는 경우가 있습니다. 지역에 따라 발생 빈도가 다릅니다.

06 자가면역 이상

자가면역으로 자신의 적혈구를 파괴하는 질병(자기면역성 용혈성 빈혈)으로 혈색소뇨가 나타나는 경우가 있습니다.

07 종양

배 안에 있는 장기인 비장 또는 간장의 종양으로 혈색소뇨가 나타나는 경우가 있습니다.

08 중독

파 종류의 중독이 대표적입니다. 파의 독소가 적혈구를 파괴함으로써 혈색소뇨가 나타나는 경우가 있습니다. 또한, 한여름에 물을 단숨에 대량으로 섭취함으로써 혈색소뇨가 나타나는 '물중독'이라 불리는 것도 있는데, 대형견은 특히 물을 한번에 많이 마시는 것에 주의해야 합니다.

주의

일반적으로 혈색소뇨가 나타나는 반려견은 중증의 빈혈을 동반하고 있는 경우가 많고 대부분 응급한 상태입니다.

◆ 응급처치

01 음부를 핥지 못하도록 한다(모두)

방광염을 앓고 있는 반려견은 때때로 음경이나 외음부를 집요하게 핥는 행동을 하는 경우가 있습니다. 2차적인 외상이나 감염 등의 위험이 있으므로 즉시 병원에 데려갈 수 없을 때는 엘리자베스칼라를 착용시켜 핥지 못하도록 해야 합니다.

02 물을 충분히 마시게 한다(01, 03, 08)

물을 충분히 마시게 하는 것이 중요합니다. 중독인 경우나 세균감염이 원인일 때는 물을 충분히 마시게 하면 독소를 희석시키는 효과가 있습니다.

03 음식물을 바꾼다(03)

요석 케어 또는 비뇨기용 사료로 바꾸어 줌으로써 증상이 완화되는 경우도 있습니다.

04 상처가 없는지 확인한다(04)

수컷의 경우 음경의 끝에 상처가 없는지 확인하기 바랍니다. 만약 외상이 있어서 거기로부터의 출혈로 혈액이 섞여 있다면 솜으로 출혈 부위를 잠시 눌러 지혈하세요. 암컷도 외음부 주위에 상처가 없는지 확인하고 상처가 있어서 출혈을 한다면 수컷과 마찬가지로 지혈하기 바랍니다. 그 뒤 출혈이 멎어서 소변에 혈액이 섞이지 않게 되면 안심해도 됩니다.

05 생리의 유무를 확인한다(04)

암컷의 발정에 의한 출혈은 생리적인 현상이므로 질병은 아닙니다. 그러나 출혈이 2주간 이상 계속되는 경우에는 병원에 데려가서 진찰받을 것을 권합니다.

06 백신 접종이나 참진드기의 예방, 심장사상충의 예방을 평소에 철저하게 하고 있는지 확인한다(05)

렙토스피라증, 바베시아증, 심장사상충증 등은 예방을 통해 감염 위험을 억제할 수 있는 감염증입니다. 특히 심장사상충증은 확실히 예방을 하면 100% 감염을 막을 수 있습니다. 증상이 나타난 다음 대책을 세우는 것은 때가 늦으므로 평소에 백신 접종이나 참진드기의 예방, 심장사상충의 예방을 철저하게 하는 것이 중요합니다.

[진료를 받을 때]

이 항목의 첫 부분에서 말한 것처럼, '혈뇨'와 '혈색소뇨'의 구별은 어렵습니다. '소변의 색깔이 붉다'는 증상이 있다면 반드시 병원에 데려가야 합니다. 산책 중에 배뇨를 하는 반려견의 경우는 좀처럼 소변의 색깔을 알기가 어렵지만, 배뇨 후에 솜 등으로 요도 주위(수컷은 포피의 끝부분, 암컷은 외음부)를 가볍게 닦아 줌으로써 소변 색깔을 체크할 수 있습니다.

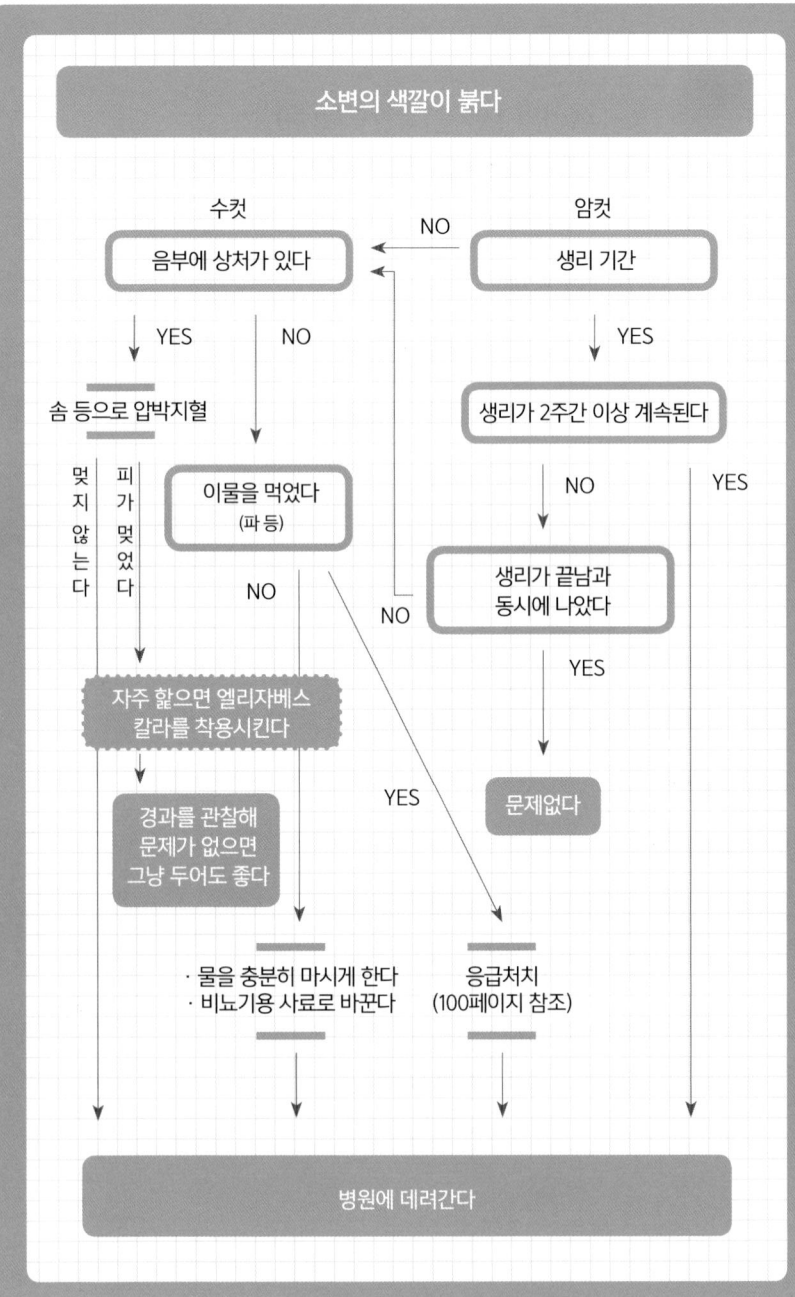

마흔일곱. 소변의 양이 이상하게 많아졌다

◆ 주된 증상과 원인

일반적으로 정상적인 반려견의 1일 소변량은 대략 체중 1kg당 25~40ml라고 합니다. 그러나 이것은 물을 마시는 양에 따라 크게 변동됩니다. 사람도 운동 후 땀을 많이 흘린 다음에는 몸의 갈증을 보충하기 위해 물을 마시는 양이 많아지는데, 이처럼 반려견도 소변량이 증가한 경우에는 대부분 물을 마시는 양이 증가하게 됩니다. 물을 마시는 양이 많아지고 소변량이 증가하는 것을 다음다뇨라 하며 이것은 질병의 신호입니다. 원인으로는 주로 다음과 같은 것이 있습니다.

01 세균 등의 감염

세균감염으로 음료수량이 증가하는 경우가 있습니다. 대표적인 질환으로는 피임수술을 하지 않은 암컷의 자궁 질환으로 자궁에 고름이 차는 '자궁축농증'이라는 질환이 있습니다. 이와 같은 세균감염의 경우는 세균이 만드는 독소의 영향이나 감염에 의한 체온 상승이 원인으로 물을 자주 마시게 되고 소변의 양이 증가합니다.

02 종양
종양, 특히 악성종양(이른바 '암'이라 부르는 것)은 종양이 만드는 염증에 관련한 물질 또는 호르몬의 영향을 받아 물을 많이 마시게 되고 소변량도 증가하게 됩니다.

03 내분비 질환
호르몬 질환입니다. 반려견은 부신 질환(부신피질 기능항진증: 쿠싱증후군이라 함)이나 당뇨병 등이 일반적으로 소변량이 증가하는 대표적인 질병입니다. 드물게는 중추성 요붕증과 같은 원인이 약간 복잡한 질환도 있습니다.

04 신장병
주로 만성의 신부전으로 소변량이 증가하는 경우가 있습니다. 이유로는 신장의 기능이 떨어져 묽은 소변을 많이 배설하기 때문입니다. 소변을 많이 배설하면 탈수도 쉽게 옵니다.

05 심인성다음증
스트레스나 불안, 갈등 등 심리적인 문제가 있을 때에 물을 많이 마심으로써 정신적인 안정을 꾀하려는 질병입니다. 물을 많이 마시기 때문에 소변량이 많아집니다.

◆ 응급처치

01 물을 충분히 마시게 한다(모두)

반려견이 물을 많이 마시는 증상을 보이면 반려인들은 두려운 나머지 음료수를 제한하는 경우를 많이 볼 수 있습니다. 물을 마시는 양이 증가했을 때 대체로 음료수를 제한하게 되면 오히려 상태 악화를 초래합니다. 그렇지만 대량의 수분을 섭취하는 경우에는 '물중독'에 주의해야 합니다. 대량의 물을 마실 때는 물보다는 이온 밸런스가 잘된 스포츠음료를 묽게 한 것을 마시게 하도록 권합니다.

02 1일 음료수량과 소변량을 조사한다(모두)

사랑하는 반려견의 상태를 파악하기 위해서라도 하루에 어느 정도의 물을 마시며 얼마만큼의 소변을 보고 있는가를 체크해 보기 바랍니다. 병원에 갈 때도 진료에 많은 도움이 됩니다. 1일 음료수량과 소변량을 체크하는 방법은 다음과 같습니다.

[음료수량의 측정법]

Ⅰ 물을 줄 때에 계량컵을 사용하여 주는 물의 양을 측정한다.
Ⅱ 반려견이 마신 다음 남은 물을 다시 계량컵으로 측정한다.
Ⅲ '준 물의 양' - '남은 물의 양' = '마신 물의 양'이 되므로 얼마만큼의 물을 마셨는지 정확히 측정할 수 있습니다.

 **주의**

일반적인 음료수량은 체중 1kg당 1일 100㎖까지 입니다만, 이것은 사료가 건사료일 때입니다. 통조림을 주고 있는 경우에는 통조림에 포함되어 있는 수분을 고려해야 합니다(특히 소형견의 경우). 예를 들어 체중이 10kg의 반려견인 경우 식사 중의 수분까지 합쳐 1일 1,000㎖(1ℓ) 이상을 초과하면 분명히 정상이 아닙니다.

[소변량의 측정법]

Ⅰ 반려견의 화장실에 소변이 통과하도록 받침대를 깔아 놓는다.
Ⅱ 그 아래에(흡수성이 있는 매트류 등은 깔지 말고) 흡수성이 없는 비닐 등을 깔아 배뇨하게 한다.
Ⅲ 배뇨 후에 소변을 모아 계량컵으로 측정한다.

 **주의**

정상적인 반려견의 1일 소변량은 대체로 체중 1kg당 25~40㎖이므로 그 양과 비교해서 분명히 많은 경우는 이상이 있는 것입니다.

03 식생활의 변경(04)
반려견의 연령에 맞는 음식물을 주세요.

04 과도한 스트레스를 받고 있지 않는지 살핀다(05)
스트레스를 차단해 주기 바랍니다.

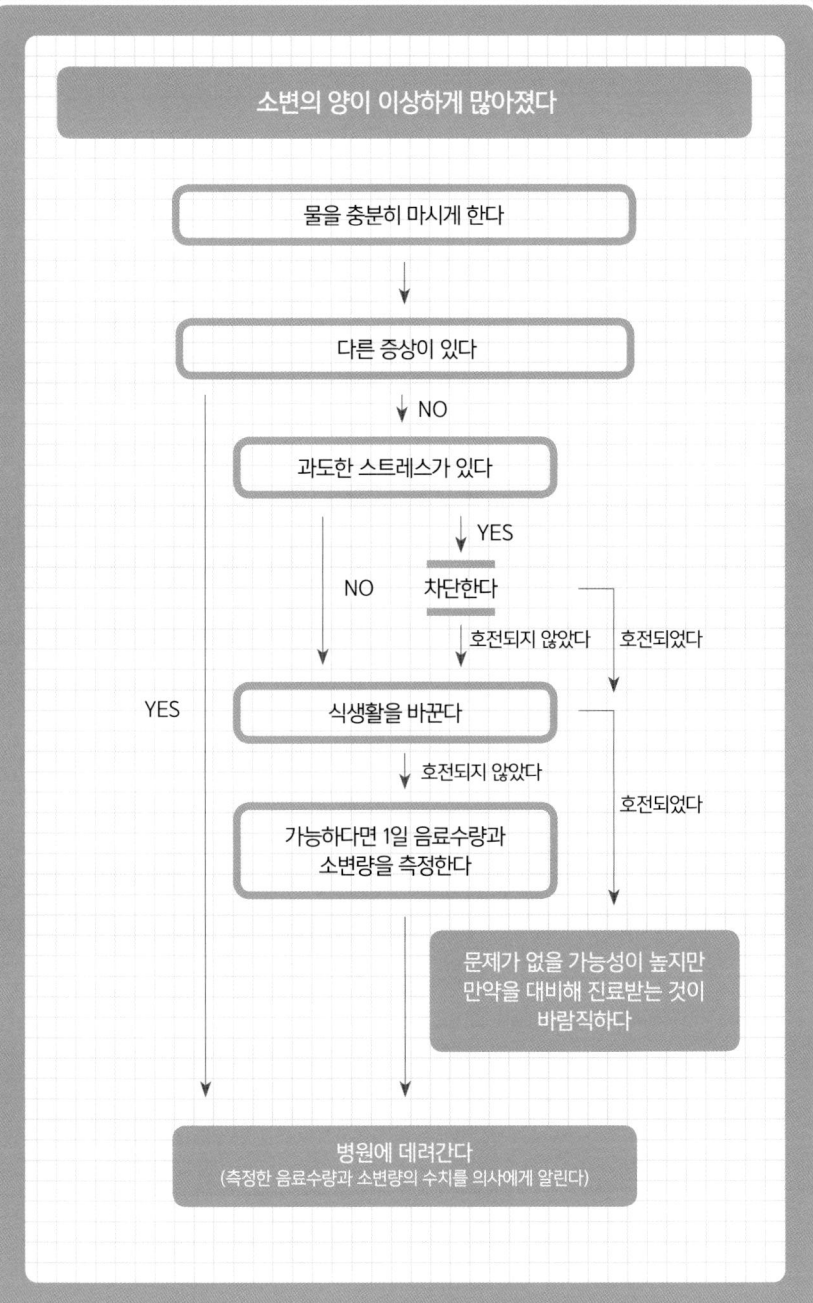

마흔여덟. 요실금이 심하다 (참기 어렵다)

◆ 주된 증상과 원인

사람도 마찬가지지만, 동물에게 있어서도 소변을 이유없이 흘리는 것은 정상이라고 할 수가 없습니다. 통상 소변을 누지 않을 때는 방광의 출구가 괄약근이라는 근육으로 닫혀 있습니다. 방광에는 신경이 있어서 '소변을 누고 싶다'는 것을 뇌에서 감지하면 괄약근이 완화되어 방광의 근육이 수축하여 배뇨를 하게 됩니다. 이와 같은 생리 작용으로 사람이나 반려견이나 소변을 배설하고 있습니다. 이러한 구조를 이해한다면 소변이 저절로 나오는 요실금의 원인은 신경 질환과 관련이 있다는 것을 알 수 있을 것입니다. 하지만 원인은 신경 질환에만 있는 것이 아닙니다. 다른 원인도 있습니다. 그렇다면 구체적으로 어떤 원인으로 요실금이 생기는지, 다음에 그 원인이 되는 질병에 대하여 설명하겠습니다.

01 신경의 이상

방광을 지배하고 있는 신경의 근본은 뇌에 있습니다. 뇌에서 척추 가운데를 신경이 통과하여 방광의 신경에 이르게 됩니다. 이 과정에서 문제가 생기면 요실금이 발생하게 됩니다. 예를 들면 추간판 헤르니아(디스크), 추체의 골절, 종양에 의한 것, 또는 고령의 반려견의 경우는 추체의 관절염 등이 악화됐을 때에 요실금의 가능성이 있습니다. 이들 질환은 통상 다른 증상(뒷다리의 마비, 꼬리의 마비, 항문 이완 등)을 동반합니다. 추간판 헤르니아나 추체의 골절, 종양이 원인인 경우에는 생명이 위독한 상황으로 발전할 우려도 있습니다.

02 호르몬과 관련된 요실금

비교적 피임수술을 받은 고령의 암컷에게 매우 드물게 나타나는 경우가 있습니다. 자고 있을 때 요실금이 나타나는 것이 특징입니다. 에스트로겐이라는 여성 호르몬의 분비 저하에 의한 요도의 기능 부전이 원인입니다. 내과 치료로 대부분 호전됩니다.

03 해부학적 이상에 의한 것

선천적인 요로의 이상으로 요실금이 생기는 경우가 있습니다. 예를 들면 신장에서 소변을 방광에 운반하는 요관이 방광의 정상적인 위치에 연결되어 있지 않은 질환(이소성요관), 어미의 배 안의 태아일 때 사용하던 요막관이라는 것이 그대로 남아 있는 질환, 암컷의 경우 선천적으로 질이 좁은 이유로 요실금이 생기기도 합니다. 이들 질환은 수술이 필요합니다. 그리고 선천적인 이상이므로 비교적 나이 어린 반려견의 요실금은 이러한 질병일 가능성이 높습니다.

04 흥분에 의한 요실금

흥분하거나 즐거울 때에 저절로 소변이 나오는 경우가 있습니다.

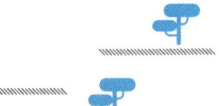

 참조

요실금이 심한 경우에는 앞 항에서 설명한 [소변의 양이 이상하게 많아졌다] (261페이지 참조)의 원인과 동일한 경우도 있습니다.

응급처치

01 반려견용의 기저귀를 채워 준다(01, 02, 03)

요실금 발생으로 피부염이 생길 수 있으므로 기저귀를 채워 주기 바랍니다. 그리고 소변이 몸에 묻은 경우에는 수돗물이나 반려견용 샴푸로 깨끗이 씻어 주세요.

02 나이 어린 반려견은 배뇨인지 요실금인지 확인한다(04)

나이 어린 반려견(특히 생후 6개월 정도까지)은 흥분할 때에 찔끔 배뇨하는 경우가 있는데, 반려인이 요실금과 구별하기가 어렵습니다. 불안하다면 병원에 데려가서 수의사의 진단을 받아보기 바랍니다(어린 반려견은 교육이 필요하므로 전문 트레이너에게 상담하는 것도 좋습니다).

03 엘리자베스칼라를 착용시킨다(모두)

음부를 핥는 경우에는 엘리자베스칼라를 착용시켜 2차 감염이나 피부병을 예방하는 것도 중요합니다.

04 [소변의 양이 이상하게 많아졌다]의 항목도 참조한다(모두)

[소변의 양이 이상하게 많아졌다]의 증상에 해당되는 경우에는 그 항목의 응급처치를 참조하면서 적절한 대응을 하기 바랍니다.

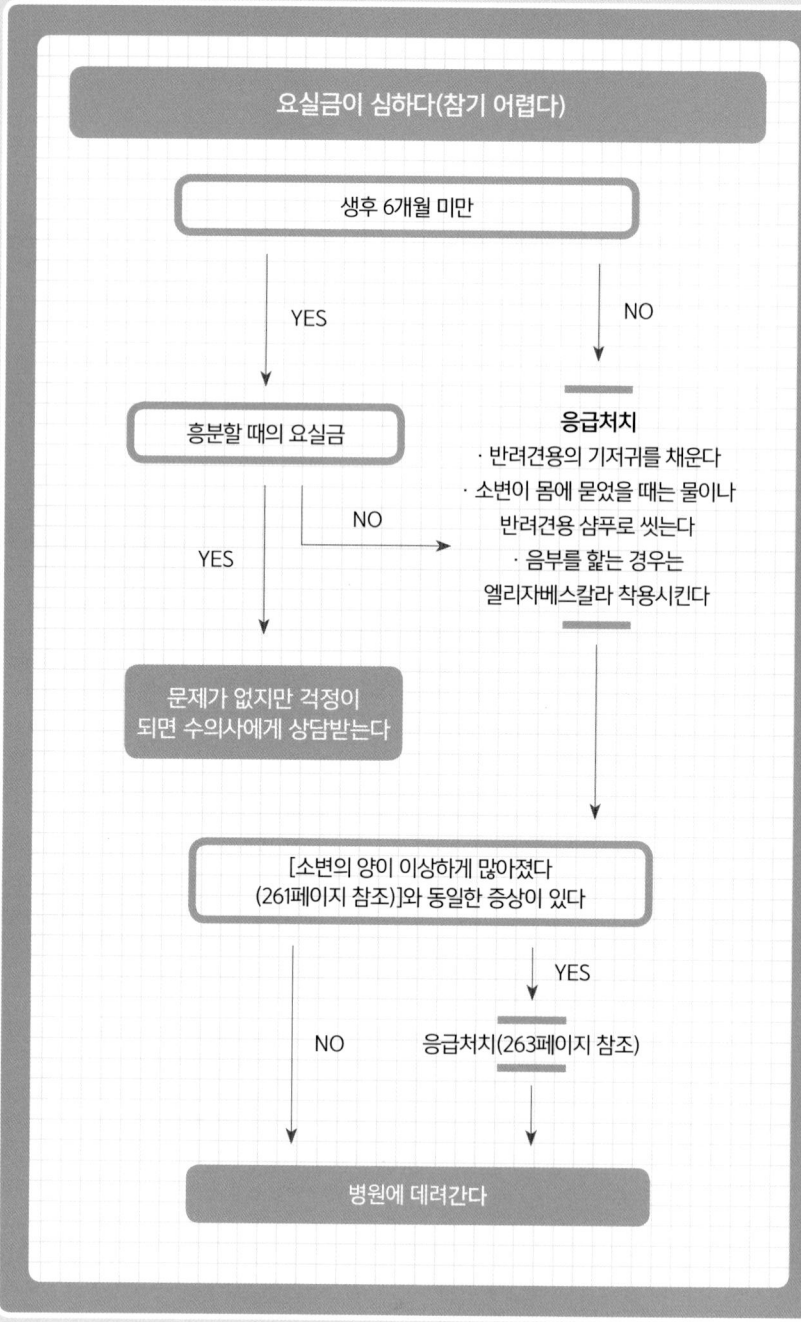

마흔아홉. 빈번하게 화장실에 간다 (안절부절 못 한다)

◆ 주된 증상과 원인

반려견의 1일 소변 횟수는 2~3회 정도입니다. 그 이상으로 화장실에 가거나 가고 싶어 안절부절 못하는 경우는 질병의 신호일 수 있습니다. 하지만 중성화수술을 받지 않은 수컷은 정상이라도 영역표시 행위로 1회의 소변을 여러 번 나누어서 누는 경우가 있으므로, 질병으로 인해 화장실에 가는 횟수가 많아졌는지를 판단하기는 쉽지 않습니다(그러나 이런 반려견이라도 산책 때는 늘 참던 것을 참지 못하고 여느 때와 다른 장소에 배설을 하는 경우 질병의 존재를 의심할 필요가 있습니다).

빈번하게 화장실에 가는 증상이 나타날 가능성이 있는 질병으로는 다음과 같은 것이 있습니다.

01 방광의 이상

방광에 염증이 생기면 빈뇨가 발생합니다. 종양이 원인으로 일어나는 염증인 경우도 있습니다.

02 다음(多飮)으로 발생하는 빈뇨

물을 많이 마심으로써 소변량이 증가하여 소변의 횟수가 증가하는 경우도 있습니다(음료수량이 체중 1kg당 100mℓ 이상을 초과하는 것을 '다음'이라고 합니다) 통상 다음으로 발생하는 빈뇨는 1회의 소변량이 방광염 등으로 오는 빈뇨와는 달리 소변량이 많은 것이 특징입니다. 병적인 원인으로는 세균에 의한 감염증(자궁축농증 등), 당뇨병이나 부신의 질환, 중추성 요붕증(항이뇨 호르몬이 뇌에서 분비되지 않아 발생하는 질환) 등의 호르몬성 질환, 간장 질환이나 신장 질환, 악성 종양이 관계되는 경우도 있습니다. 또한, 스트레스나 불만, 갈등 등 심리적인 문제가 있을 때에 물을 많이 마심으로써 정신의 안정을 꾀하고자 하는 질병으로 심인성다음증이라는 것도 있습니다.

03 대장의 염증에 의한 설사

앞 항에서 배뇨 횟수의 증가에 대해 설명했습니다만, 빈번하게 화장실에 가는(안절부절 못하는) 원인으로 배변 횟수의 증가도 있습니다. 대장의 염증으로 발생하는 설사는 통상 배변의 횟수가 비정상적으로 증가합니다(배가 무겁고 불편한 상태). 이 상태는 화장실에 가는 것을 참을 수 없는 상태이므로 사람처럼 동물도 안절부절하지 못하게 됩니다. 대장 염증의 원인으로는 세균감염, 기생충, 종양, 알레르기 등이 있습니다.

응급처치

01 반려견용 기저귀를 채워 준다(모두)
배뇨 또는 배변의 횟수가 증가하였다면 기저귀를 채워 줍니다. 그리고 소변이 몸에 묻은 경우에는 수돗물이나 반려견용 샴푸로 깨끗이 씻어 주세요.

02 반려견의 상태를 보고 진료를 받을 것인지 판단한다(모두)
반려견이 안절부절 못하고 빈번하게 화장실에 들락거리는 행동을 하는 경우에는 다음 항목을 체크하기 바랍니다.

- Ⅰ 소변을 확실히 배설하고 있는가
- Ⅱ 소변이나 대변에 붉은 이물이 섞여 있거나 부착되어 있지 않은가
- Ⅲ 배뇨, 배변 때에 통증을 동반하고 있지 않은가
- Ⅳ 평소보다 소변량이 증가하지 않았는가
- Ⅴ 식욕은 있는지 없는지
- Ⅵ 음료수량이 체중의 1kg당 100mℓ 이상을 초과하지 않았는가 (263페이지 참조)

이상의 6개 항목에 이상이 있는 경우에는 서둘러 병원에 데려가서 진료 받기를 권합니다. 반대로 문제가 없다면 다음의 응급처치를 해주기 바랍니다.

03 마실 물은 충분히 준비해 둔다(01, 03)

마시는 물은 가능하면 이온 밸런스가 잘된 것(예를 들면 스포츠음료를 묽게 한 것)이 가장 좋습니다.

04 식기를 청결히 하고, 매번 신선한 음식물을 준다 (모두)

시간이 오래 경과한 음식물을 주는 것은 바람직하지 않습니다. 소화기 질환의 원인이 됩니다. 식사를 남겼을 경우에는 즉시 처리하는 습관을 평소에 갖기 바랍니다. 특히 여름철에는 음식물이나 물을 자주 바꾸어 주세요.

05 비뇨기 질환 개선용 사료로 바꾸어 본다(모두)

비뇨기 질환 개선용 사료로 바꿈으로써 호전되는 경우도 있습니다.

06 화장실을 청결하게 유지한다(모두)

화장실을 깨끗하게 해줌으로써 빈번하게 가던 화장실을 가지 않게 되는 경우도 있습니다.

07 같이 놀아주거나 산책할 때 데려간다(모두)

단순히 반려인과 놀고 싶어서 소변을 배설한다거나 안절부절 못하는 경우도 있습니다. 같이 놀아 주거나 산책하러 나갈 때에 데리고 가는 것만으로도 호전되는 경우가 있습니다.

빈번하게 화장실에 간다(안절부절 못 한다)

응급처치
· 반려견용의 기저귀를 채운다
· 소변이 몸에 묻었을 때는 물이나 반려견용 샴푸로 씻는다

↓

273페이지의 Ⅰ~Ⅵ 항목을 체크

- 한 가지라도 해당된다
- 해당되지 않는다 ↓

· 물을 충분히 마시게 한다
· 식기를 청결하게 한다
· 신선한 음식물을 준다
· 비뇨기용 사료로 바꾼다
· 화장실을 청결하게 한다
· 같이 놀아 주거나 산책 때 데리고 간다

- 호전되지 않는다
- 호전되었다

병원에 데려간다

문제가 없으면 그냥 두어도 좋지만 만약을 대비해 진료받는 것이 바람직하다

집필진 소개

사토 타카노리
1978년생, 수의사
<FOREPETS GROUP>
시로카네타카나와동물병원 총원장
중앙애니멀클리닉 총원장
Dog Care Salon LINDO 총원장

경력
아자부대학 수의학부 수의학과 졸업
니시오기동물병원 부원장
Dogdays 도쿄 미드타운클리닉
일본수의생명과학대학 연수생

콘도 료타
1976년생, 수의사
시로카네타카나와동물병원 부원장

경력
아자부대학 졸업
이케다동물병원(시나가와구)
스즈키개와고양이동물병원 (치바시)
Dogdays 도쿄 미드타운클리닉

센츠이 나오코
1985년생, 수의사
시로카네타카나와동물병원 근무

경력
일본수의생명과학대학 졸업

시이나 츠요시
1974년생, 수의사
중앙애니멀클리닉 원장

경력
도쿄 농공대학 졸업
도내동물병원 부원장

소속
일본수의암학회
일본소동물치과연구회
일본수의순환기학회

니시모리 쇼우헤이
1983년생, 수의사
시로카네타카나와동물병원 수의사

경력
일본수의생명과학대학 졸업

나리타 히로시게
1985년생, 수의사
중앙애니멀클리닉 근무

경력
낙농학원대학 졸업
도쿄대학부속동물의료센터 내과계진료과

이시모토 마유미
1977년생, 수의사
중앙애니멀클리닉 근무

경력
일본수의생명과학대학 졸업
동대학 내과 학교실 연수생
도내동물병원 근무

소속
일본수의순환기학회

다카오 코우이치로
1976년생, 수의사
다카오병원원장(후쿠오카)

경력
아자부대학 수의학부 수의학과 졸업
오사카동물병원 근무
수자키동물병원 근무(다카마츠시)

소속
후쿠오카수의학회
일본수의순환기학회
일본수의암학회
규슈화상진단연구회

하코자키 카나코
1982년생, 수의사, 트리머, 도그트레이너, <펫스페이스&애니멀클리닉 마리모> 원장

경력
트리머, 동물간호사, 수의사로서의 근무 경험을 살려 병은 물론 일상의 예방을 포함한 건강 관리, 케어, 트리밍, 세미나, 이벤트 등을 실시하는 토탈 케어 살롱을 2009년에 개업한 여성 수의사 네트워크 대표

기쿠지 류오
애견종합케어살롱<갤러리 알테스타>
대표

경력
아자부에서 '미용사'로 활동하다가 2003년 도쿄에서 트리밍살롱과 헤어살롱을 병설한 애견 종합케어살롱 <갤러리 알테스타>를 설립. 각종 펫 잡지에 오리지널 스타일을 게재 중.
'미용 기술'과 '트리밍 기술'을 융합시킨 '메이크업+트리밍'을 비롯해 여러 가지 오리지널 테크닉과 오리지널 스타일을 창출하고 있음. 세계에서도 드문 '트리머'와 '미용사'를 겸한 기술자

미나 츠치야
니트 작가

경력
국제선 객실 승무원으로 10년 근무. 퇴사 후 수예가 bullbonne으로서 활동 중

올바른 반려문화 정착을 위한 의견을 보내주세요

반려동물을 위한 좋은 아이디어나 의견을 보내주세요.
여러분의 목소리가 올바른 반려문화 정착을 위한 디딤돌이 될 것입니다.

TEL 02-338-6516
FAX 02-335-3229
E-MAIL stojhe@naver.com

반려견 응급처치 매뉴얼

초판 1쇄 발행 2017년 6월 20일

지은이 사토 타카노리
옮긴이 김주영
펴낸이 김기제
감 수 김주영

편집장 김주석
기 획 장한얼
마케팅 김민영
디자인 이 나

펴낸곳 팔복원
출판등록 1991년 7월 22일 제313-2004-162호
임프린트 단츄별
주소 서울특별시 마포구 동교로19길 73 (서교동) 대조빌딩 3층
전화 02-338-6516(기획편집), 02-338-6478(마케팅)
팩스 02-335-3229
이메일 8bliss@hanmail.net

출력·인쇄 평화프린팅

ISBN 978-89-85840-24-8
정가 15,000원

한국어판 © 단츄별, 2017

단츄별은 팔복원의 임프린트입니다.
이 책의 한국어판 저작권은 베스툰코리아 에이전시를 통해 일본 저작권자와 독점 계약한 단츄별에 있습니다.
저작권법에 의해 한국 내에서 보호를 받는 저작물이므로 무단 전재나 복제, 광전자 매체 수록 등을 금합니다.

이 책은 한국출판문화산업진흥원의 출판 콘텐츠 창작자금을 지원받아 제작되었습니다.

■ 잘못된 책은 구입하신 서점에서 바꿔 드립니다.